歴史文化ライブラリー

125

# 日本の祭りを読み解く

真野俊和

吉川弘文館

# 目次

# 祭りの読みかた解きかた

## 祭りの二つの理解

わたしはこの本でこれから、祭りの「意味」というものに対してあれこれと考えをめぐらそうとしている。ただわたしの祭りに対する関心はおもに二つあった。だからその二つの関心の方向にしたがって、本書の構成もきれいに二つに分かれてしまった。最初にそのことについて簡単に書いておきたい。

祭りの「意味」は常に二つの方向から理解しうる、あるいは理解されなければならないと、筆者はかねがね考えてきた。一つは祭りの解釈、もう一つは祭りの歴史についてである。

従来、祭りの研究といえば個々の祭りであれ祭りの総体であれ、その歴史を解き明かそうとするところから出発するものがほとんどだった。どこかの町のどこかの本屋に入って、郷土史コーナーといった棚をのぞいてみるがよい。少なくとも数冊は、その地域を代表する祭りについての本がならべられていることだろう。それがたんなるガイドブックや解説書に類したものでないならば、地域の伝承や史料をたんねんに掘り起こし読み解いた、貴重な研究書である。どこまでさかのぼれるかはそれぞれの事情によってまちまちであろうが、その土地に住む人びとのあいだでさえもうはるか過去のことになってしまった祭りの姿が生き生きと再現されている。今日の祭り研究の高い水準が、こうした個々の祭りの歴史についての、いくつもの積み重ねの上に維持されているのは疑いない。

## 祭りの「意味」

いっぽう、祭りの解釈についてはどうであろうか。祭りはどのような意味あいにおいても現にその時を生きているもの、その社会に生きているものによっておこなわれる行為である。社会的文化的な側面からみれば、祭りはその瞬間の脈絡のもとで一定の意味をもつ表現行為といえるだろう。いっぽう祭りに参加する個人の立場からみれば、その人の人生の一こまとして、なんらかの思いがそこにはこめられているにちがいない。それをどうにかして理解したいというのがもう一つの方向である。

それにもかかわらずこの方向からの研究は、さきほどの歴史的な研究ほどにはさかんでなかった。たしかに柳田国男《やなぎたくにお》以来、祭りの解釈学的研究に関しては民俗学の領域での膨大な蓄積がある。たとえば祭りを祖霊に対する信仰の表現として読み解いていこうとする理解のしかたがあったようにである。ただそうした民俗学的視点からの祭り研究といえども、というより民俗学だからこそ、その視線は多くの場合、過去に向いてしまっていた。いまは失われてしまった遠い過去の民俗的心性や文化が、祭りのなかには生きているという視線、いうなれば民俗文化の一種冷蔵庫か冷凍庫のような役まわりが祭りには求められてきたといってよい。それはそれなりに意義深い仕事ではあったが、いままさに目の前で表出されている祭りの「意味」の把握はついにこぼれおちたままだったといってよい。

ただ祭りの意味論といってもそれはけっして歴史と無関係であってよいものではない。祭りの意味が社会のなかでの表現行為にともなうものであるならば、社会がたどってきた歴史のなかで、意味それ自体もまた動きつづけてきたはずである。あるいは歴史のなかで祭りの新しい意味が形づくられるという側面もあるはずだろう。

このあたりは言語というものとその意味との関係によく似ているように思われる。言語学のある部門では、ことばが「意味」というものをつくりだしていくメカニズムをも考えてきたという。その論旨の展開は、まさにできのよい推理小説を読んでいるのと同じ、あるいはそれ以上の興奮を与えてくれることがある。そしてことばのそれぞれがどんな意味を運んでいるのかという発想ではなく、私たちが空気のように使いこなしている自分自身の言語が、どのように意味を生成しているのかという発想は、そういうものの考えかたもあるのだという驚きを含めて、まことに新鮮である。ここに「歴史」がはいってくる余地はない。

だがいっぽう言語には、それぞれがたどってきた長い歴史がある。残されてきた辞書や文芸作品などさまざまな言語史料によって、ある一言語の一時代における意味の体系はずいぶん明らかにされるだろう。しかもことばの意味はつねに変わりつづけていくのだが、一つの意味を生成させる仕組みと、それを変えていこうとする力とのせめぎあいのなかで、意味の変化の様相はきわめて複雑な経過をたどるというのがふつうであろう。

祭りのなかでもまったくこれと同様のことがおこってきたと筆者は考えている。祭りが社会のなかである意味をもつということは、社会の仕組みのなかで機能するということにほかならない。しかし時代を越えてその祭りを維持させようとするとき、当然祭りは歴史の変化に順応しながらみずからも変わっていかなければならないはずである。つまり祭りの意味を読み解こうというとき、一つの祭りを表現するための仕組みと、それを変えていこうとする力とのせめぎあいと、二つのベクトルのなかに祭りをおいてみるということが必要になるのだ。本書の大きく二章からなる構成はそうした意図から生まれたものだということを了解してもらいたい。

以上、いわでもがなのことをあれこれと述べてきた。世の中にあふれかえるほどある祭りの本のなかで、本書が祭りの読解についてなにがしかの新しい見方を示すことができるのなら、これ以上いうべきことは何もない。

# 祭りの作劇術

# 聖なるリズム——越後白山神社の春祭りから

## 祭りの表現

祭りの表現はけっして単色ではない。荘厳と華麗、静寂と喧騒、静止と躍動、明と暗、はては神聖さと通俗さなど、さまざまな局面がさまざまなコントラストで色どられ、またそれらのコントラストがからみあう複雑なリズムをともなって祭りは進行していく。そのコントラストは従来、ひっそりとそして厳粛にとりおこなわれるべき神事と、解放感に満ちあふれた祭礼と、という対照的な二つの局面でとらえられてきた。しかし研究の関心がともすればその前者、つまり神事の儀礼的象徴的意味づけにもっぱらひきよせられてきた傾向は否定できない。しかし祭りの解放感は、しばしば指摘されるように、ときに通俗性をはるかにつきぬけて、祭りの核心をなしているとみなされる神聖さの観念を否定する猥雑さ、といったところにまでいきついてしまうことさえまれではない。むしろ最近の祭り研究はそうした側面に大きな関心をはらうようにさえなってきた。祭りの庭における見せもの小屋やストリップ小屋のにぎわい、映画などでおなじみの露店の場所わりをめぐる香具師《やし》集団やアウトローたちの暗躍、はてはケンカ、殺人などまでが祭りのハレがましさの裏側にはある。というよりは、そうしたいわば闇の空間のなかの人びとの行動をも含めたすべてこそが祭りなのだといわなければならないだろう。

　祭りの表現の問題にもどってみれば、祭りは参加する人びとにできるかぎり極端な姿勢をとらせることによって、独特の空間と時間の構成に成功しているようにみえる。この観点を、一つの祭りを手がかりに考えてみることにしたい。

## 北陸の舞楽と祭り

　今日、日本各地には舞楽もしくは舞楽に由来する芸能が、民俗芸能として地域に定着している例が少なくない。民俗芸能研究者の山路興造が数え上げたところにしたがうなら、山形県＝七、宮城県＝二、新潟県・富山県＝四、静岡県＝四、愛知県・島根県・広島県・大分県＝各一、という分布になるという（「伎楽・舞楽の地方伝播」『民俗芸能研究』創刊号、一九八五年五月、民俗芸能学会）。こうしてみるとその過半数が福井・富山・新潟・山形・秋田など日本海側の地域に集中しているようである。そしてこれら民俗舞楽のもう一つの特徴は、稚児《ちご》を舞い手とするものがしばしばあることである。

さて、新潟県西頸城《にしくびき》郡能生《のう》町白山《はくさん》神社の四月二十四日の春祭りに奉納される舞楽も、そのような稚児舞楽の一つである。その開始の時期は定かでないが、長享二年（一四八八）、臨済僧万里集九《ばんりしゅうく》は、かれの旅の詩文集『梅花無尽蔵』十一月二十七日の条に、「越之後州能生山太平寺、……鎮守白山権現、来歳三月念二三之両朝、有祭祀之舞童」と、三月二・三日に稚児の舞（舞楽であろう）のおこなわれることを記している。

新潟県にはこのほかに現存する舞楽として、

糸魚《いとい》川市一の宮　天津神社（四月十日）
西蒲原《にしかんばら》郡弥彦《やひこ》村　弥彦神社（四月十八日）

があり、これと類似の芸能に、糸魚川市根知《ねち》山寺日吉神社の延年《えんねん》、通称「おてて舞」（九月一日）が伝えられる（白山神社の舞楽を含めて、これらの民俗芸能はいずれも国の重要無形民俗文化財に指定されている）。根知山寺の延年には舞楽風の舞も含まれるが、右の舞楽とは内容もかなり異なっていて、おおむねはまさに延年の名にふさわしい芸づくしの芸能である。

このように地方に伝えられる舞楽の歴史的意義については、すでに山路興造が詳しく論じている。すなわち古代以来諸国の国分寺や一の宮、二の宮には国衙《こくが》に支配される国の楽人によって演じられる舞楽があり、それにちなんで地方の大寺社でも舞楽が演じられることがあった。しかし後者においては寺社に所属する楽人を中心に僧侶や稚児による、いわば素人舞楽がより成立しやすく、そのような姿で舞楽は徐々に地方寺社に定着、民俗芸能化の道をたどったものと考えられるという（山路前掲論文）。中世にはいればそのような傾向はさらに加速され、各地の寺社に笛の音は絶えないことであっただろう。同時に四天王寺の楽人が諸国で活躍する例もめだってくるという。能生白山神社の舞楽もまた四天王寺の流れをくむものだと伝えられる。事実関係はともかくとしても、この伝承もそうした歴史性をふまえて理解されなければならない。

ただ、いっぽうで、民俗芸能化の勢いは近世にいたればもう止めようもなかった。今日演じられる先の三ヵ所の稚児舞楽にしても、四天王寺のそれとは楽も舞も衣裳もすべて、大きく異なったものになっている。民俗芸能研究がしばしば珍重する〝古風〟という審美基準にてらせば、もはや別の芸能に変質してしまったといわざるをえない面もないわけではないが、そのことが地域の芸能としてどれほどの意義と重みをもっているかは、当然のことながらまったく別の問題である。

ただし私の当面の課題はこの民俗芸能の歴史や舞楽そのものにあるわけではない。注目したいのは、その舞楽をも含めた祭り全体の進行である。

## 祭りを分担する組織

白山神社の春の祭礼を実行する組織は、大きく三つのグループに分かれる。第一は能生町の中心部にあたる能生地区、第二はそれに隣接する小泊《こどまり》地区、三番目はかつて白山神社の神領であったという由来をもつ、大王・指塩《さしお》・大道寺の三地区（仮に旧神領地区とよんでおく）である。白山神社の氏子《うじこ》は厳密には最初の能生地区だけであるが、その役割がほとんど舞楽の奉納にのみ限定されているようにみえるのは、祭礼としてはきわめて奇妙な印象を与える。それに対して他の二地区も祭礼に関しては、これに劣らず重要不可欠な役割を担っている。すなわち祭礼としてももっとも枢要なはずであろう神輿《みこし》の渡御《とぎょ》に奉仕するのは、小泊地区の六社人とよばれる家筋の人びと、および社人に依頼された地区の人びとなのである。また稚児の世話役という役どころを担うのは旧神領地区の人びとである。

## 能生の春祭り

さて毎年三月はじめになると、氏子の子どものなかから稚児五名が選ばれ、下旬から舞の稽古にはいる。もとは別当宝光院（旧別当太平寺は近世初頭に廃寺になった）の本堂や神社社務所が稽古の場所にあてられたが、近年は町の集会施設でこれをおこなっている。かつては稽古にはいれば稚児も終日をここですごしたといい、いまでも午前中、学校に通うほかは、この場所がかれらの生活の場になる。また毎日の稽古にさきだって水ごりを欠かさないなど、この「合宿」（現地ではこうよんでいる）はたんに舞の練習ではなく、祭りにさきだっておこなわれる、いわゆる精進潔斎《しょうじんけっさい》にほかならないことがわかる。

四月二十三日の夕刻、稚児や氏子総代、それに小泊に住む六人の社人など、祭礼を構成するおもだった者一同が神社に集まり、型どおりの宵祭りがとりおこなわれる。

いよいよ翌二十四日の本祭りの早朝、のぼりがたなびき、町の人びとが見送るなか、宿舎から神社に向かう稚児の行列から祭りは始まる。先頭に貝吹きや氏子総代ら役員がたち、つぎに緋色《ひいろ》の衣に花天冠《はなてんかん》を身につけた五人の稚児が白丁《はくちょう》の肩にのってつづく。白丁をつとめるのは、さきの旧神領地区の人びとである。そのあとを行くのは同じく白丁がもつ大旗、花竹、太鼓、金の大玉、槍、弓、太刀などなどの指し物である。

この行列はまことにしずしずと進んでゆく。数メートル歩いてはしばらくとまり、やがて貝の合図でまた数メートル進むといったぐあいである。宿舎からさほど遠くない距離をゆうに一時間

図1　能生町白山神社祭礼の稚児行列

はかけるだろうか。優雅とさえいってよい。このゆるやかさは、このあと境内《けいだい》でおこなわれる神輿巡幸の行列の速さ（というよりは、この遅さ！）にみあったものである。

いっぽう稚児の行列を待ちうける神社のほうでは何がおこなわれているのであろうか。神社拝殿には三基の神輿がさきに述べた小泊の人びとによって飾りつけられている最中である。小泊地区がこのあとの渡御をも含めて神輿に関するいっさいを担当するというのにも、じつは由来がある。というのは、伝承によればかつてこの白山神社の神が遠く能登半島から海を越えて能生の海岸にたどりついたとき、その神様をお守りしていた六人の者がいた。かれらはその後小泊に住みつき、以来六人の社人として白山神社の祭りには欠かせない重要な役割を担ってきたのであるという。この由緒によって六人の社人がそれぞれ神輿の前後につきしたがい、これも氏子とはいえない小泊の人びとが、神の巡幸のすべての世話をしているのである。なお三基の神輿とはここにまつられる三柱の神のそれぞれのものである。

やがて稚児の行列が神社に到着し、まずは舞楽のための楽屋にはいる。そして神輿の準備がすべてととのったころをみはからって、さきの旧神領地区のものが一人、神の出立《いでた》ちをうながすべく拝殿にいる神輿準備の一団のもとを訪れる。これを「七度半の使い」というが、そのよび名にたがわず、このくだりもまたなかなかに手がこんでいる。というのは、催促の使いは長い青竹を手にもち、それを打ち鳴らしながら定めのとおりの口上を述べるのだが、それをうけるほうはただ無言で応対する。使いはただちにきびすを返して楽屋にもどる。これを延々七回もくりかえすのである。

## 神輿の巡幸

そして八度目、使いはもはや口上も述べず、すぐに拝殿をあとにする。これがさきの七度半というときの最後の「半」に相当するのである。そのとたん、あとを追いかけるように拝殿の一団がはげしく出口に殺到する。ついに神輿は境内におりたったのである。拝殿の内外でこの瞬間を待っていた見物人たちも、この一団のあとを追いかける。といっても神輿渡御の行列の先導をつとめるのは、獅子舞の若者たちである。これは能生、小泊両地区の若者が一年おきにつとめることになっている。しかし境内におりたった獅子は、そこでまた静止してしまう。五分、あるいは一〇分もそうしているだろうか。獅子頭《しがしら》を高くかかげた手は、重さに耐えかねてふるえ出す。ようやく始まった獅子舞の所作《しょさ》は笛と太鼓を伴奏に勇壮活発で、かつ相当に激しいものがあるが、にもかかわらず獅子に導かれる神輿の行列そのものは遅々として進まない。ときあたかも遅い桜の花が散っていくなか、境内をところせましと踊り狂い、その激しさのゆえにつぎつぎに舞い手をかえながら、しかもわずかずつしか前に進まない獅子にしたがって、神輿の歩みはこれもまたのどかこのうえない。ときには神輿に賽銭《さいせん》をおさめ、手をあわせてゆく人もいるほどだ。

ここで神輿渡御のおこなわれる白山神社境内の見取図と巡幸の行程をみておくことにしよう。図2にみられるように、拝殿から神輿がやがておさめられる御旅所《おたびしょ》まで、直線にすればわずか二、三十メートル《メートル》にすぎない。この距離を行列はわざわざ迂回し、それでも一周一五〇メートル《メートル》ほどになるかどうか。そして巡幸はほぼ午前中いっぱい延々とつづけられる。つまりこの祭りは神社境内という狭く凝縮された空間のなかに、気の遠くなるほどに長く引きのばされ、しかも静寂に支配される時間をつくりだしているのである。御旅所を神社から離して設けず、境内のなかだけで終始させるのも、このコントラストをより有効にはたらかせている。この演出はもちろん誰が考えだしたというのではないけれども、明らかに意図されたものにちがいない。なぜならこの空間にはやがて緊張感が縦横にはりめぐらされ、そして劇的に突き破られるからである。

正午ちかくなって先頭の神輿が境内を一巡すると、行列は最後の「お走り」の準備にとりかかる。大きな指し物は一巡したところで楽屋にもどり、稚児も天冠を烏帽子《えぼし》にかえて

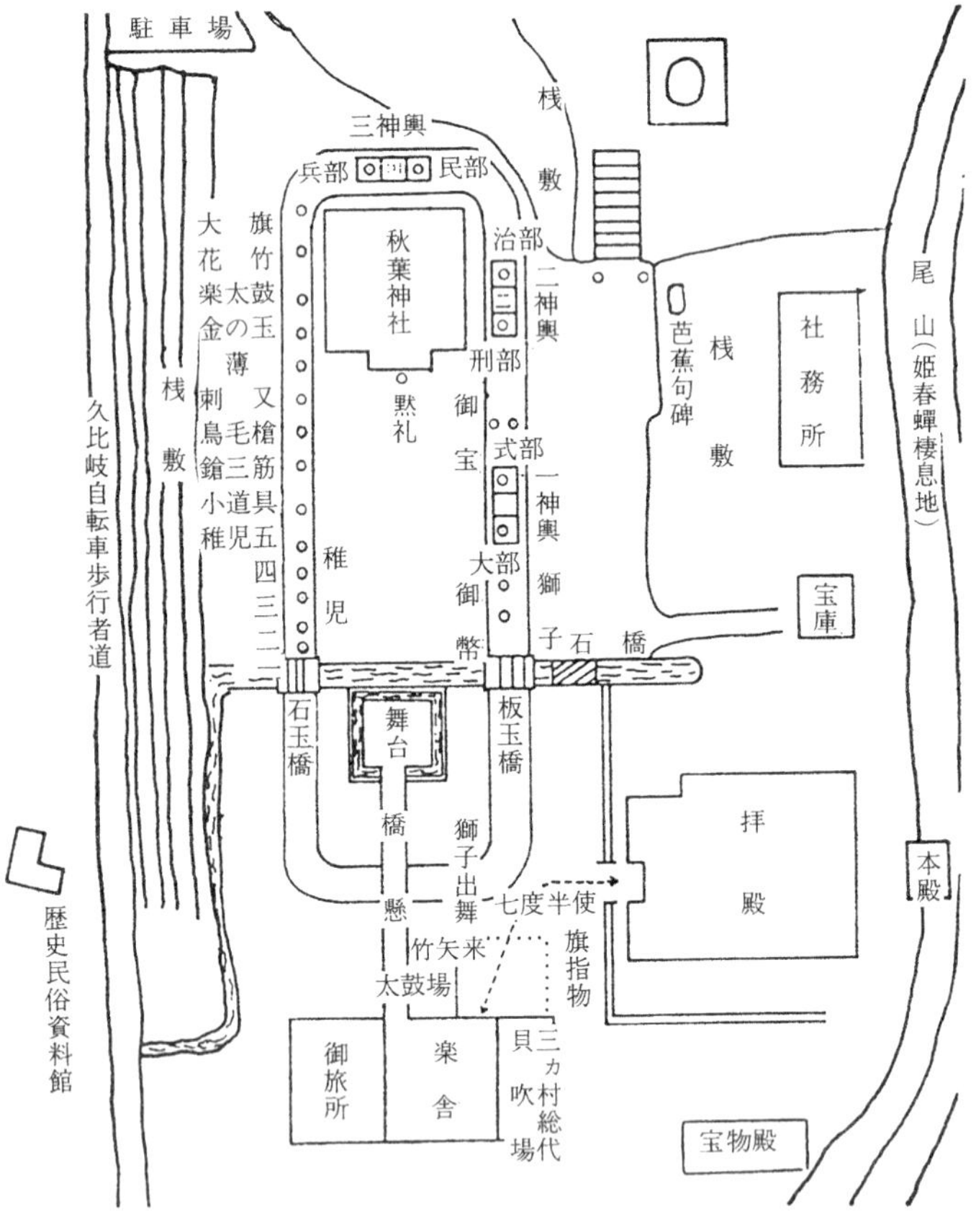


図2　白山神社境内周辺と御神嚮行列案内図

（土田孝雄『神遊びの里』1984年より）

ふたたび行列にもどったのち両袖《りょうそで》をたくしあげておく。神輿のほうでも社人や神輿かつぎの若者は束帯《そくたい》や袴《はかま》の裾《すそ》をたくしあげている。獅子も衣を巻きあげて獅子頭を頭の上にかざす。こうした準備がととのうにしたがって、場内には緊張感がしだいしだいにみなぎっていき、のどかな行列がゆるゆると歩んでいたころには閑散とさえしていた境内には、また見物の人びとがぎっしりとつめかけてきた。しかし緊張の高まりのゆえに境内は異様な静けさである。

まもなく境内に笛の音が流れると、さあ、とばかりに神輿はもちあげられお走りの体勢にはいる。かたずをのんで見守っている観衆もどよめく。しかし一度で行列が走りだすことはない。失望にも似たざわめきがひとしきりあって、それが静まるとふたたび笛の音である。こうしたことを三度四度とくりかえし、徐々に雰囲気をもりあげていく演出に、観衆は見事に取りこまれていくようである。やがて笛につづいて貝の音がひときわ高く鳴り響き、一瞬にして場内は興奮と喧騒の渦になる。それからあとは、まさにあっというまのできごとである。笛と太鼓の音、観客の喚声がとびかい、砂ぼこりのなかを三基の神輿と稚児とが走りぬけ、神輿は御旅所になだれこみ、稚児は楽屋から舞台につづく橋懸《はしがか》りに駆けあがって、その神輿をはやし立てる。それまでの極度に抑制させられた行動の鬱憤《うっぷん》を、神輿も観衆もここぞとばかりに晴らそうとしているかのようだ。

こうして前半の式次第はすべて終わる。とはいえこのあと御旅所では、巡幸してきた神をむかえて型どおりといえば型どおりの神事がおごそかにとりおこなわれるのだが、観衆はもうそれに見向きもしない。あるものは食事に帰り、あるものは境内の桟敷《さじき》で酒肴《しゅこう》をくみかわしながら、宴のつづきを再開するだけである。ふたたびここにいっときの静寂の時間がもどってくる。

## 舞楽の庭

さて、祭りの後半は、構造的にみれば前半とおなじことのくりかえしである。

白チリメンの狩衣《かりぎぬ》に真紅の指貫《さしぬき》、それに花飾りのついた天冠を頭にのせた、まことに愛らしい稚児二人による「振舞《えんぶ》」に始まり、一人、二人、もしくは四人の稚児舞がつぎつぎと披露される。そのあいまには「能抜頭《のうばとう》」や「納蘇利《なそり》」といった大人の舞もさしはさまれ、その曲目は全部で一一におよぶ。伴奏は本来ならば舞楽固有のものがもちいられるのであろうが、ここでは地方の舞楽にふさわしく、篠笛《しのぶえ》と大太鼓だけのきわめて素朴なものである。境内にもうけられた桟敷にも観客の数は少なく、かといってけっして寂しさという雰囲気に支配されているというわけではない。晴れ着に身をかざった氏子たちが宴の席を囲みながら神とともに奉納の舞をたのしみ、神社のそとには露店がたちならんで、そこそこの賑わいもここにはある。いわば獅子舞と神輿の巡幸のときにも似た静けさである。

そして夕刻ちかく、稚児四人による「輪歌《りんが》」といれかわりに「陵王《りょうおう》」が橋懸りにすっくと立ったとき、また境内の空気は一変する。

これは大人一人による舞で、鼻高の面に真紅の衣を身にまとっており、四天王寺などに伝承されるそれにくらべてもかなり異様なものである。しかもその動きは緩慢そのもので、ゆっくりとうねるように舞い進めていく。ここにいたって境内はふたたび観衆でうめつくされ、いいかげん祭りの酒の酔がまわった獅子の若者たちは狂喜の極《きょく》に達する。かれらはあらそって橋懸りにかけより、手にもった榊《さかき》でしきりに橋板をたたいてはやし立てる。しかし陵王はそうした周囲の喧騒に少しも動じることがない。まわりの興奮と演者や楽人たちの冷静さが奇妙な対照をみせてくれる。

陵王が橋懸りにあがってから一時間ほどもたつと、あたりはようやくうす暗くなってくる。日本海に面した舞台のうえで、西に沈む夕日を両手でさしまねくしぐさなどがあり、一転して軽快なリズムにのってかれはまた楽屋にもどり始める。ちょうど橋のなかほどまできたころ、それをむかえる位置に氏子が二人でてきて、陵王を待ちかまえる。陵王はそこに寄るかと思えば、またくるりときびすを返して、ここでまた観衆をいつまでもじらしつづける。

クライマックスは突然やってきて、一瞬のうちに終わる。橋のなかほどが白丁たちによってとりはずされると同時に、その距離を陵王は一気に飛びこえて氏子総代の腕のなかにだきかかえられ、楽屋にひっこむ。人びとはこの瞬間を待っていたのだ。歓声と拍手がなりわたるなか、御旅所から三基の神輿がつぎつぎとひきだされ、はずされた橋のあいだをぬけて拝殿にもどっていく。神の還御である。興奮する神輿は、二度三度と祭りの庭にもどってきて、しばらくのあいだあちこちでもみあっている。しかしそれもいつまでもはつづかない。急速に熱気はひいていき、もうすっかり暗くなった境内からはあっというまに人影が消えていく。長かった一日の祭りがこうして終わっていくのである。

右のような角度からの読みとりかたが、能生白山神社の春祭りに関してゆるされる唯一のものでないのはもちろんだが、それにしても緩急おりまぜた全体の進行は、観客としてつどう人びとをもいやおうなしに祭りのただなかにひきこんでしまう、みごとな構成プランをもっているといわなければならない。すなわち祭りは、神を迎えそして送りだす神事そのものでも、まして遺産として保護・保存されなければならない文化財でもない。いま現に息づいている人間たちの生身の身体によって支えられた表現行動なのである。祭りの「作劇術」とよびたいゆえんである。

## 東西の対抗——付・聖なる空間論

いっぽう角度を変えれば、能生地区と小泊地区との間の、ときには儀礼的な対抗関係にまで象徴化されるようなコントラストも、祭りの随所にみてとることができる。舞楽の奉納と神輿への奉仕についてはすでに述べたが、生業面では、小泊が山を背後に海に面した漁業集落であるのに対し、能生はなによりも商業の町であり、その後には広い農地がひろがっている。このことと対応するかのように、祭りのなかに小さな競争と占いがみられる。神輿の御旅所への渡御が終わり、祭典の準備がととのうと、その準備にたずさわった社人の一人が神主を迎えにいく。そのときに応対するのは楽人の一人がつとめる若党であるが、二人が向きあったあと同時に後向きになる。そのとき社人が早ければ大漁、若党が早ければ商売繁昌になるのだという。

このような対抗関係は祭りにおいては普遍的な趣向である。やはり稚児の舞楽が演じられる糸魚川天津神社の祭礼においても、二基の神輿の渡御を担当する寺町・押上の両地区が、いわゆるけんか神輿として争いをくりかえし、最後に渡御の早さを競う競争をおこなうのである。このときにもやはり大漁と豊作という占いをともなう。もっとも能生とちがってこちらでは芸能のグループがいっぽうを担うという役割分担にあるわけではない。

さらに西に進んで富山県との県境の町、西頸城郡青海《おうみ》町の小正月行事、「竹のからかい」にもこの対抗関係はみられる。「竹のからかい」とは奇妙な行事名称だが、要は長い二本の青竹による竹引きである。町内を東西の二組に分け、それぞれから十数人ずつの男衆が選び出されて、そろいの法被《はっぴ》を着、腰には注連縄《しめなわ》をまき、顔には隈取《くまど》りをする。両陣営は町の背後にある低い山の中腹にある青海《おうみ》神社に詣でたあと、町を東西に貫通する道路上に対峙して陣を構え、それぞれに長さ一二～一三メートルほどの竹を備える。竹もまた山から切り出したものである。双方町の中央に竹をかつぎだすと、竹をまっすぐにたて、そのまわりを「蝶、蝶、さぎの蝶、菜の葉に止まれ、菜の葉にあいたら、葦《あし》の葉に止まれ」とはやし立てながら気勢をあげる。それが終わると、二本の竹を交差させるように組み合わせ、かけ声とともに倒して小脇にかかえこみ、両者必死に二本の竹を引き合うのである。この場合にも、勝ったほうにその年の五穀豊穣が約束されるのは、いうまでもない。

竹を引き合う所作は、休憩時間をはさんで何回もくりかえされるが、やがて夕方ちかく、たたかい終えた両陣営は竹をひいて海岸に出ていく。この日この地方のどこでもおこなわれているように、サイノカミの火をたくためである。二つのサイノカミは一〇〇メートル以上も離れているだろうか。まだたたかいの余韻さめやらぬかのように、あるいはたがいの健闘をたたえあうように、薄暗くなった日本海の波を目前に、火はしばらくのあいだ燃えつづけていた。

つまりこの祭りの場合、対抗軸は二種類あることになる。一つは東西の軸で、これはさきほどからみてきた、勝ったほうが豊饒を手に入れるという世界観をともなう。もう一つは南北、というよりは上下の軸で、町の背後の山から下りてきた神が、最後に海にでていくという祭りの趣向に表出される。「竹のからかい」とは、まさしくこの二つの空間軸がまじわる場所でおこなわれる行事なのである。この観念は能生白山神社の祭りや糸魚川天津神社の祭りには明確に意識されてはいなかったが、じつはそのどちらの祭りにも潜在していたものである。すなわち、いずれの場合にも祭りは商売と漁業、農業と漁業という、いわば陸と海の生業の対抗関係としての意味あいをこめていたのである。

ちなみに小正月行事としての火祭りは、名称こそさまざまであるが、全国各地でおこなわれている。それをサイノカミとよぶのは、新潟県一円から福島県の会津地方にかけての地域のようである。ただし、さきのはやし唄のなかに「さぎの蝶」とあるくだりは興味深い。これは明らかにいわゆる「左義長《さぎちょう》」をさしている。実際に青海町ではサイノカミをサギチョウとよぶこともあったようだ。サギチョウとは西日本でしばしば聞くことのできる、やはり小正月もしくは年はじめの火祭りのことである。青海町をさらに西に進めばすぐそこは富山県。サギチョウという名を使う地域にはいる。方言学上東西の境界地帯として有名な青海町は、行事の名称でもまた東西の境界線上に位置するのである。

# 聖なる記憶——近江御上神社の秋祭りから

## 御上神社の「座」

祭りとは多かれ少なかれ、それまでの地域や神社の歴史を背負い、またその時々の社会のありかたを反映しているものである。しかし本節でふれたいのはある特定の祭りもしくは祭り一般がたどってきた道すじといったような意味での歴史ではなく、祭りの構成要素としての「歴史」についてである。いいかえれば祭りの構成プランのなかから読みとることのできる歴史叙述、歴史認識といったようなレベルにおいて歴史というものをとりあげてみたい。ここでは御上《みかみ》神社の秋祭りという一つの具体的な地域祭礼をとおしてみていくことにしよう（御上神社の祭礼に関するデータは、社会伝承研究会編『近江村落社会の研究』一〜六号〔一九七六〜八一年〕、とりわけ上野和男、真野純子による諸論考ないし報告、ならびに圭室文雄ほか編『民間信仰調査整理ハンドブック下・実際編』〔雄山閣出版、一九八七年〕のうち真野純子による「祭祀組織調査」の項を参照されたい)。

滋賀県野洲《やす》郡野洲町三上地区の二〇〇戸ほどの人びとは、古来歌枕としてもその名を知られた三上山を神体とする御上神社を氏神として、さまざまな祭りをいとなんできた。いま注目しようとするのは、そのうち、毎年十月九日から十四日まで六日間にわたっておこなわれる秋の祭りである。この祭りは数人の頭人《とうにん》がそれぞれにズイキで神輿《みこし》をつくって一堂に会するところからズイキ祭り、あるいはおなじく頭人たちが一堂に会して模擬的な相撲をとるところからソウモク〔相撲〕神事などともよばれている。

御上神社の氏子《うじこ》は、秋祭りに関しては長之家《ちょうのや》・東・西の三グループに大きく区分される。これは地域区分には関わりのない組分けである。三つの組にはそれぞれ公文《くもん》とよばれる家が決まっていて、頭人の選任をとりしきったり、頭渡《とうわた》し式や芝原式と称する相撲神事にたちあうほか、分家・転入があったときに頭役《とうやく》としてうけいれるかどうかを決めるなど、重要な役割を担っている。

すなわち東の場合を例にとれば、公文所には一冊の帳面が保管されており、氏子の死亡年月日を記録している。そして先代が死んで一三年をすぎるとその子に公文から呼びだしがかかり、分家した場合には三年め、頭人にあたった年に何かの事情で神事番がながれた場合にも改めて三年めに呼びだしがかかる。呼びだしのあった翌年を仇事《くじ》、二年後を助頭《すけとう》といい、三年後に勤め番（頭人）をつとめることになる。また十月十三日の頭渡し式には仇事がクジをひき、ここで上座・下座の所属が決まる。

こうして三つの組が上・下に分かれ、あわせて六つの座（近年、長之家が一つになってしまったので、実際には五座）が、それぞれに行事を進行させていくことになる。とはいってもそれぞれの座でメンバー全員が一堂に集まることは、この秋祭りにはない。ズイキ神輿をつくるのは頭人の仕事で、これには親類縁者の助力のほうがむしろ不可欠の要素である。頭渡し式も上座・下座の仇事、助頭、頭人のみが、各人の属する公文所に集まってとりおこなわれ、他の氏子が列席することはない。

ズイキ神輿の奉納は十月十四日の朝である。各頭人の家でつくられた五つの神輿は親類にかつがれて神社に集合する。神輿は楼門前に長之家を中心にならべられ、頭人は神社拝殿に長之家を最上席にして着座し、神事をおこなう。この式には公文は出席しない。

おなじ日の夜、祭りはいよいよクライマックスをむかえる。神社楼門の外にコの字型に

図3　御上神社の拝殿において着座する頭人たち（真野純子撮影）

ムシロをしいて式場をもうけ、正装した宮司、頭人、公文らが、かがり火のもとで芝原式を挙行する。三人の公文のうち長之家をとくに総公文ともいうが、式の前半では各組の公文から総公文に対して、上座・下座の頭人と、翌年の頭人になる助頭二名ずつの名が書面をもって報告される。また後半では、東西の頭人かその親類筋にあたる子どもや若者が相撲をとる。芝原式では、宮司は相伴《しょうばん》するだけで行事の内容には直接関与しない。式の進行の中心にあるのはむしろ三人の公文であり、とくに総公文がさらにその中央にあることは、秋祭り全体の構成をみるうえでも注意すべきことである。

## 演劇としての祭り

さて、この祭りを改めて人の集散という視点から整理しなおしてみると、いくつかの段階をへながら最後の場面に向けて盛りあげていこうとする、祭りの〝意図〟といったものがうかがえそうに思われる。

その最初の舞台は頭人の家である。第一幕でのおもな内容はさきにも書いたようにズイキ神輿をつくることだが、これはたんにムラの祭りの準備作業にとどまるものではなく、仕事自体が頭屋の祭りという性格をあわせもっている。すなわち十月九日の晩にはまず、ズイキ神輿をあつらえてもらうことになる親類縁者に甘酒をふるまい、翌々十一日には宮司をむかえて床の間に祭壇をもうけ、三尺ぐらいの榊に神をおろしてもらう。この榊はのちに神輿にさす。十三日に神輿が完成すると座敷にあげて飾り、手伝ってくれた人びとに酒肴《しゆこう》をふるまう。

いうなれば頭人とそこにつどう人びとにとって、十三日までの行事は頭人の家を祭場とし、頭人を一種の祭主役とする祭りにほかならないのである。実際神輿つくりにたずさわった人びとはこの日をホンビとよび、以後、頭人自身をのぞく他の親類たちの秋祭りへの関与はごく限られたものになる。このムラで、秋祭りは宮さんの祭りでなく、個人のジンジ（神事）だとしばしば表現されるゆえんでもある。さらには、頭人たちにとっては、この日をさかいにして「私の祭り」からムラの祭り、すなわち「公の祭り」へときりかわるといってもよいだろう。

祭りのつぎの段階は、同日の夜、各公文所での頭渡し式である。ここに出席するのは三組それぞれに公文と上下の座の頭人、助頭、仇事などである。式はそれぞれの公文にとりしきられて進行するが、行事の内容は各組に大きなちがいはない。ただ長之家の組は社家・神主筋の家が含まれていて、このあとの進行においても中心になることが多い。また公文が祭りの場に姿をあらわすのは、この頭渡し式と芝原式のみであることにもあらかじめ注意を喚起しておきたい。

　そして三番めの幕をとりしきるのは一転して宮司である。参加者は宮司を含む神職、巫《み》女《こ》、伶人《れいじん》、区長、氏子総代、それに六（五）人の頭人で、公文はここにはあらわれない。最初に頭人の家の神事を司《つかさど》り、神を降臨させた宮司がふたたび祭りの中心に登場したことに注目したい。

　さらに興味深いのは、秋祭りの最終日のこの場面にいたってはじめて頭人全員が顔をあわせ、一座して神事を挙行するという事実である。頭人の側にそくしていえば、「個人のジンジ」として始まった秋祭りが、つぎの場面で「公の祭り」へと転換し、ここでまた「公」の階梯《かいてい》をもう一歩のぼったということにほかならない。

　祭りの参加者が一座するという神事の形態を一般に宮座とよんでいるが、その座にしても、最後の場面である芝原式ではまた少し様子のちがったあらわれかたをする。第一に、ここではじめて秋祭りを執行する主要な顔ぶれが全員一堂に集まることになるわけであり、第二に行事内容という点では、午前中のズイキ祭りよりもむしろ前日の頭渡し式の延長にあって、総公文を頂点とする頭屋制度運営機構の確認という側面に行事の力点がうつっていくのである。

　すなわち御上神社の秋の例祭は十月九日から始まる四日間の行事を序幕としたうえで、

表1　御上神社秋祭りの展開

| | 神　　事 | 頭　渡　し |
|---|---|---|
| 13日 | ①頭屋の祭り（ミコシ作り） | ②公文所の祭り（頭渡し式） |
| 14日 | ③ズイキ祭り | ④芝原式 |

表1のような段階をふんで展開してゆく祭りであるといえよう。神事と頭渡しという二つの局面において、個々の頭屋や公文所での行事、あるいは御上神社での神事をつつみこみつつも、最終的には神社の祭りという枠をこえた、ムラの構造そのものの表現へと収斂《しゅうれん》させていくところにこそ、この演出プランの眼目があるといわなければならない。

## 座の役職

ところで、三上の秋祭りでこれほどまでに重要な役割を担う「公文」という役職名は明らかに中世荘園の役人（荘官）に由来するものである。かれらは荘園制の初期には領主によって中央から派遣され、のちには在地の有力土豪がこれを兼ねながら、荘園の政務や年貢の徴収にあたった。

いっぽう年貢や公事《くじ》の納入・負担にあたっては上層の農民である名主《みょうしゅ》が責任者となるわけだが、両者の関係は地域によってさまざまに異なっていた。大まかには、名主の経営する名田《みょうでん》の面積が比較的均等な場合には名主自身が賦課の単位となり、不均等な荘園ではいくつかの名田をあわせて番を編成し、番頭が負担責任者となったと考えられる。こうした名・番は領主側の賦課徴収機構の一環としてつくられたものではあるけれども、同時に神社の祭祀《さいし》組織、すなわち宮座として機能することもあった。

というのは、真野（桜井）純子氏が指摘するように、「荘園内の神社に対する神事諸役の分担は、荘園領主から課せられた公事としての一面をもつ」（桜井純子「宮座論ノート」社会伝承研究会編『社会伝承研究』Ⅲ、一九七四年）ために、領主側（実際には公文などの荘官）が納入責任者である名主や番頭を対象に頭人を差定《さじよう》して祭りをおこなったと考えられるからである。差定された頭人にとって、それは経済的な負担ではあっても、同時に栄誉と権益の象徴にほかならなかったから、宮座はまた特権的・封鎖的な色彩をも色濃くもつことになったであろう。

一般に中世の宮座に関しては、荘園制解体期における惣村《そうそん》の生成発展という時代状況を前提に、名主たちの結集の場としての側面に着目するというのがこれまでの大きな流れだったといってもよい。惣というのは中世後半にあらわれた、名主たちによる地域的な自治組織で、内部にはさまざまな掟《おきて》を定め、外部に対しては山林・水利などの利権をめぐって、ときには荘園領主にさえも対抗することがしばしばだった。宮座もまた惣の組織の一つとして構成されていたわけだが、先進的な惣のなかにはすでに村落共同体とよばれるにふさわしいものもすでにあらわれてきており、その場合に宮座は成員の共同体意識を表出する場であり組織であったといえよう。

ふたたび三上の宮座にたちもどれば、祭りの最後の幕をなす芝原式とは、総公文のたちあいによる頭渡しの式であること、それも前日に各公文所でおこなわれた各組におけるそれでなく、おのおのの公文から総公文に、頭渡しがとどこおりなく完了したことを報告するための行事であることはすでに述べたとおりである。それはまた総公文による頭役の承認、見方を変えれば頭の差定にほかならないから、さきほど想定した中世荘園における宮座のそれと構造的に重なることになる（室町期における三上には、京都東福寺塔頭大機院を本所とする荘園が設定され、三上山麓にはその子院があって、本所大機院に年貢を献納していたという）。

## 中世の残像

かくしてわたしたちは、ようやく三上の秋祭りに中世の残像をみてとることが可能になった。ここから、たとえば頭人の資格を取得した翌年をクジというのも、現地で仇事という字をあててみたり、クジをひいて上下の座を決めるからだと説明しているのも、じつはむしろ「公事」と解するべきではないかということにも思いいたる。さらにはいったん祭りをおのおのの頭人たちにあずけてしまいながらも、すぐさまムラの側に祭りをとりもどし、そののちは、順次おこなわれる行事のなかで「公」の階梯を一歩ずつのぼりつめていくという、周到なまでの構成プランをみるとき、このムラの〝中世〟は祭りのあちこちにのこされてきた過去の断片などではけっしてなくて、まさに祭りの骨組としてつらぬかれているのだということをも同時に理解するのである。

祭りというものを、単調な「ケ」の時間の流れのなかでおとろえつつある日常性の活力をとりもどすべくしくまれた、聖なる領域での秩序表現ととらえることがゆるされるならば、上述の構成プランはまさに聖なるドラマを演ずるための台本にほかならない。だから三上というムラにとっての中世とは、すでに悠久のかなたの過去の歴史ではなく、それと共鳴しあいながらいまもなお生きつづけて世界の根底をなしている、幻想の〝中世〟なのである。そして莫大な経済的負担にときには閉口しながらもこの祭りに誇りをもち、維持しつづけてきた三上の人びとにとって、秋祭りの宮座とは、いわば神話としての中世を眼前に再現し、あるいはみずからも追体験しながら、あらたなる日常へのインパクトとするための「ハレ」の場、聖なる舞台なのである。

# 聖なる夢

この節で考えてみようとすることの最初の手がかりにしたいのは、すでに過去のものとなった二種類の祭りである。

## 籠る祭り――居籠り祭り

京都府相楽《そうらく》郡山城《やましろ》町ほかで正月におこなわれる居籠《いごも》り祭りは、昭和のはじめごろに井上頼寿の報告（井上頼寿『京都民俗志』平凡社〈東洋文庫〉、一九六八年）によって全国に知られるようになった。その名のとおり籠りということに大きな比重のかかった特異な神事である。神事の一環として神職が村のなかを移動するとき、村全体が灯火をおとし、いっさいの物音を消し、人々は静寂のなかを神職たちが村内をとおりすぎるのを待ったという。それればかりでなく祭りの期間中、村人たちの日常生活にもきびしい物忌みの生活が課せられていた。その一端を紹介すると、まずなによりも音を発することがかたく禁止される。音をたてると悪鬼がやってくるといい、牛馬はもちろん犬鶏の類にいたるまで三日間近村の縁者にあずけ、各家では戸障子の開閉を厳につつしむ。食器も藁縄《わらなわ》でくくってしまうほどであった。つぎは不浄なることの禁止である。便器に切り藁を大量にいれたり、食事の面でも肉食はもっともきらわれる。第三に日常的な仕事が大幅に制限をうける。各家は門戸をとざし、入口には筵《むしろ》をたらして、その間から出入りする。期間中の食物は、まえもって買出しておくとか、倉庫などにはいることもつつしむ。また掃除もいっさいしない。学校でもほうきを使うのをさけて、掃除を延期するほどであった。こうした例は他の地方でもしばしばみられ、兵庫県播磨東部地方の村々では、月の亥《い》の日の亥の刻から巳《み》の日の巳の刻までをオイミゴモリと称して、便所にいかず、音をたてず、刃物を使わず、さらに洗濯をせず、髪もゆわないという風習が長く伝えられていたという。このとき神主の夜行があるが、それを見ると居すくみになるというのは、京都の居籠り祭りと共通した心意によるものであろう。

　こうしてみるとこれらの祭りをおこなう人びとにとって、籠りとは神をむかえるために清浄をたもつというよりはむしろ、声をださない、音をださない、タバコをすわない、縫いものをしない、外を出歩かない等々、日ごろなにげなしにおこなっているいっさいのことを禁じ、ようするにひたすら不自由を堪え忍ぶ、というところにあるようにみえる。むしろそうした不自由の果てにこそ、祭りの心浮きたつような開放感はあるといったほうがよいかもしれない。

## 籠る祭り——白山の浄土入り

しかし右のような慎みの表現としての籠りとは別に、もう少しちがった意味あいをもっておこなわれる籠りがときおりある。愛知県北設楽《きたしたら》郡一帯に、かつておこなわれていたという白山《しらやま》の浄土入りとよばれる籠りの習俗がその一つの例である。毎年十二月から一月にかけて、この地方の村々では歌舞をともなった花祭り＝冬の神楽《かぐら》が夜を徹して上演される。かつて折口信夫《おりくちしのぶ》の祭礼論にも大きな影響を与えたことでよく知られ、いまでは格好の被写体として、多くの写真家たちがこの時期には訪れてくる。この祭りが世にでたのは、昭和五年に早川孝太郎の詳細な報告（『花祭』岩崎美術社、一九六八年）をとおしてだが、じつは花祭りとは別に、その時点ですでに絶えてしまっていた「神楽」という祭りがあった。その神楽の二日目には舞の庭から少し離れた畑のなかに方形の建物がつくられ、舞を終えた男女が白装束で籠りをしたという。白山とはこの建物につけられたよび名であった。

早川が苦心のすえに復元することのできた白山とは概略つぎのようなものである。

建物といっても屋根はなく、高さは三〜三・五間（五・五〜六・四メートル）、広さは約二〜二・五間（三・六〜四・六メートル）四方、四面の壁は青柴をたばねてかこい、無数の白幣《ぬさ》をさしてある。これには異説もあったようだが、いまそれは大きな問題でない。舞戸《まいど》、つまりさまざまな舞がおこなわれている建物から白山には橋がかけられていて、無明《むみょう》の橋という。二日目の夕方、六十一歳の還暦に達した年齢の白装束の男女が禰宜《ねぎ》に先導されて舞戸を巡り、橋懸《はしがか》りから白山にはいる。これを浄土入りといった。罪業深いものはこの橋から転落すると信じられ、関係者が橋の両側で落ちないように介添えをしながら、浄土入りの男女を左右の口に分けてつぎつぎに送りこんだという。定めの席につくと膳《ぜん》がだされ、飯と茶がそなえられる。飯を枕飯《まくらめし》といった。握り飯に箸《はし》を一本つきさしたところもあったというから、まさしくこれは枕飯だった。男女はその後じっとここに籠って夜明けを待っている。白山の内部には絵がかけられていたらしい。出家をよんだともあるから仏画かと察せられる。

さて三日目の朝方、白山のなかでは男女が枕飯の膳についたころ、外では舞戸をそのままにして関係者がすべて白山を中心に集まる。そしてクライマックスがやってくる。当夜でた多くの鬼（五色の鬼）がいっせいに白山の四方の口から鉞《まさかり》をもって乱入し、浄土入りの男女の前後左右で激しく踊りまわるのである。男女はこのとき恐ろしさに心も空《うつろ》になって、枕飯がのどにとおらぬもあり、なかには感激と恐怖がいっしょになって、嗚咽《おえつ》の声が外までもれ聞こえるほどであったという。

この行事について早川は、「この時白山の内部は、一種黄泉《よみ》の世界と想定されたので、浄土入りはすべて黄泉への旅立ちの支度であった。年齢は六一歳の本卦還《ほんけ》りで、一般伝承にも、この式を果した者は、人生の最大幸福と考えていた」と説明しているように、一種一種の擬死再生を象徴する行事であった。じつをいえばそもそもこの浄土入りとは、この地方の人びとの人生における四度の大願の最後をしめくくる生まれ変わりの儀式であったとされていた。すなわち神楽の第一日目には「うまれこ」の儀礼がおこなわれてこれが人生最初の誕生儀礼にあたり、十三歳になると神の子としてあらたに生まれ変わる「生まれ清まり」、つぎに四十歳前後の「おうぎがさ」と進んで、最後の願がこの「浄土入り」となるのである。いいかえればこの場合「籠り」とは、人がそこから生まれ変わって出てくるための前提にほかならなかった。ただここでもまた、籠りを終えたあとの晴れやかさこそが求められるものであったのは、はじめの例に少しも変わらないとはいえよう。

ではもう少し一般的に、祭りにおいて籠るとはどのような意味をもつ行為なのであろうか。

## 祭りの本体

昭和十六年、東京帝国大学の学生たちを前にした柳田国男《やなぎたくにお》は、祭りというものの核心をつぎのようにいいきった（『日本の祭』〔筑摩書房『定本柳田国男集』第十巻所収〕、一九六九年）。

つまりは「籠る」といふことが祭の本体だつたのである。

たしかに祭りには精進潔斎がつきものだし、「居籠り祭り」のような祭りもないではないのだから、籠ることの意義を強調するのは的はずれではないだろう。といっても一般に籠ることは祭りの前段階にすぎないのだから、それを本体としてしまうのはいかにも唐突の感がある。実際祭りというものを、神をむかえ、もてなし、そして送りだしていくというひとつながりのドラマだとみるならば、むしろそういった局面のほうに祭りの本質を求めるべきではないのか、などなどの反論や疑問は当然ありうることであろう。

それにもかかわらず「籠る」ことが祭りのなかで重要な要素であるのは、これもまたあらそえない事実である。柳田のことばにもう少し耳をかたむけてみよう。

本来は酒食をもつて神を御もてなし申す間、一同が御前に侍坐することがマツリであった。……この飲食物が極度に清潔でなければならぬと同様に、之《これ》に参列して共食の光栄に与《あずか》る人も亦《また》十分に物忌をして、少しの穢《けが》れも無い者でなければならぬのは当然の考へ方で、この慎みが足りないと、神は祭を享《う》けたまはぬのみで無く、屢々《しばしば》御憤りさへあるものと考へられて居た。……我々の先祖は、この慎みの最も完全なる状態を以《もっ》て、古くは物忌と名づけ、後には精進とも謂《い》つて居り、オコモリを以て其《その》徹底を期する手段として居たのである。

神道は清浄なることをなによりも重んじる宗教であるといわれ、祭りにあたってはもろもろの罪穢《つみけがれ》をはらう神事がまずはとりおこなわれなければならない。それを斎戒《さいかい》、禊《みそぎ》、潔斎《けっさい》、（物）忌み、などとよんで、定められた作法にのっとって神職たちがおこなうのは、わたしたちもその一部なりを目にする機会があるだろう。しかし奇妙なことに、柳田が祭りの本体とまで重視したにもかかわらず、籠りということばは神道の教理のなかには出てこない。さらにそうした斎戒などをおこなうのは、一般に神道の定めにおいては神職など祭りにたずさわる専門的な職能の人びとに課せられた行法であるのに対し、柳田の念頭にあった籠りとは、ふつうの氏子たちとか共同体全体のいとなみである点にも、少なからず視点のずれが感じられる。端的にいってしまえば、籠りという行為の多くは神道思想の表現というより、じつは民間神道とでもいったらよいだろうか、民俗宗教としてのカミ信仰の文脈であらわれてくる宗教行為なのである。

## 夢の場

そこで祭り以外の場面にあらわれる「籠り」という行為について目を向けてみよう。するとまず最初に想起されるのが、神仏の前である目的のために籠ること、いわゆる参籠《さんろう》である。参籠とはふつう、何かある切実で具体的な祈願があるときとか、もう少し一般的には行者の修行のためにおこなわれるもので、いつでもどこでもごくふつうにおこなわれていた。いっぽう歴史をひもといてみれば、たとえば真宗の開祖親鸞《しんらん》の京都六角堂での参籠や、時衆《じしゅう》をひらいた一遍智真の熊野権現への参籠は、かれらの宗教の重要な転換点になったことでよく知られる。しかしそのように歴史にのこるような参籠であろうとも、民間でおこなわれていたものと特別に異なっていたわけではない。かれらが選んだこれらの場所は当時すでに名だたる庶民の宗教センターであったし、参籠の作法もまたとくにはげしい苦行をともなうというわけでもなかった。なにより親鸞にしても一遍にしても、その時にはまだほとんど無名の一宗教者にすぎなかったのである。

ただそれはそれとして、かれらの参籠を「夢」というものと関連づけて考えてみることはきわめて重要な意味をもっているだろう。というのは、親鸞の場合は一〇〇日という期間をくぎって六角堂に参籠したおり、その九十五日目の暁、観音菩薩が夢にあらわれて四句の文を示したという。親鸞はその文によって末法の世においては仏道修行の行者でさえも前世の因縁による煩悩《ぼんのう》をのがれられないこと、そこから救われるためには仏にすべてをあずけるしかないということを確信するにいたり、ただちに吉水《よしみず》で伝道していた法然のもとを訪れたと伝えられている。だからこの夢は日本の宗教思想史上にこのうえなく大きな意義をもつ夢だったといえるのである。なお六角堂は聖徳太子の創建とされ、太子もまた観音の化身としてあがめられていたところから、この夢告の一件によって真宗の聖徳太子信仰が生まれた。

いっぽう一遍の場合は、夢にあらわれた熊野の神が、衆生の救いは一遍個人の教えによるわけではなく、はるかな昔の阿弥陀如来《あみだにょらい》の誓願によって定められているのだという念仏による救いの絶対性をさとした。この夢により一遍は、「南無阿弥陀仏　六十万人決定往生」と記された六字名号《みょうごう》の念仏札をひたすら民衆にすすめるという時衆独特の布教方法をあみだすことになった。以後の時衆寺院にはしばしば熊野権現が勧請《かんじょう》されるなど、両者のあいだにきわめて密接な関係が維持されることになったのはよく知られたことである。

夢の場としての参籠といえば、そこでただちに思いおこすのは聖徳太子の夢殿であろう。

太子が斑鳩《いかるが》の宮に別殿をもうけ、それに夢殿という幻想的な名をつけたことはよく知られている。法隆寺の夢殿の前身である。平安時代中期の往生説話集、『日本往生極楽記』にはそのさまがつぎのように語られた。

太子の宮の中に別殿あり。夢殿と号《な》づく。一月に三度沐浴して入りたまふ。もし諸《もろもろ》の経の疏を制するに、義に滞ることあらば、即ちこの殿に入りたまへり。常に金人ありて、東方より至りて告ぐるに妙義をもてす。

さらに太子がこの中に七日のあいだとじこもって出てこなかったとき、恵慈法師は太子が「三昧《さんまい》」にはいったのだと皆に説明したとある。『極楽記』の記述によるかぎりでいうなら、聖徳太子の夢殿への参籠の目的は三昧にひたること、いいかえれば禅定にはいることにあった。それにしてもなぜこの別殿は「夢殿」とよばれたのだろうか。西郷信綱はまさしく夢をみるための建物にほかならなかったからだと述べた（『古代人の夢』平凡社、一九七二年）。『極楽記』の記述は、しょせんのちの時代のものであるから、これをそのまま聖徳太子の意図であったとするには少し慎重でなければならないのはいうまでもないが、たしかに行者の三昧＝禅定が夢として語られるのは、仏教がはるかに爛熟した平安時代中・後期にあってもごくふつうのモティーフであった。たとえば『今昔物語集』巻十四第二十三話にはつぎのような物語がある。

沙門頼真は九歳のとき寺に入り、以来老年にいたるまで毎日法華経三部を読誦することを忘れないという篤信《とくしん》の僧であった。人となりは至極おだやかにして、口数も少ない。ただなぜかいつも口を意味もなく動かし、まるで牛のようであったのを頼真はひどくはずかしがり、かれの最大の悩みとなっていた。頼真は、このくせは前世の悪業のゆえであろうと思念し、この世でそれを懺悔しなければ来世はおぼつかないと思い定め、叡山の根本中堂に七夜のあいだの参籠を試みるのであった。すると六日目の夜、夢を見た。だれとも知れない声だけがして頼真にこう告げる。「僧□□鼻闕《か》けたる牛なりしに、近江国《おうみのくに》依智《えち》の郡の官首の家にありし。しかるに官首法華経八部をその牛に負はせて、供養せむがために山寺に運びき。経を負ひたてまつりし故に、今、牛の身を棄てて人と生まれて、僧となりて、法華経を読誦し、法文を悟る。また今生に法華経を誦《ず》せる功徳によりて遂に生死を離れ菩提《ぼだい》に至るべし。但《ただ》し宿業《しゅくごう》なほし残りて、口は牛に似るなり」と。頼真は夢からさめて前世後世の善悪の果報を知り、それからもますます仏道にはげんだという。

他の往生伝が文字どおり極楽浄土への往生の相をもっぱら説くのに対して、法華経の功徳をとく仏教説話群は、このように前世の因縁を語ることに少なからず精力をついやすところに特色がある。あるものにとっての前生は狐であったり、他のものは蛇であったことが判明する。ただ、たまたま右の牛のように法華経を背負うことがあったり、行者の法華経読誦の声を耳にする機会にめぐまれたりという、思わぬ善根によって今生に人間の生をえることができた。もちろんいまこの世での幸せはそのまま後生での行くえを保証するものではないから、いっぽうでは極楽や都率天《とそつてん》など来世における浄土への往生も望まれたわけで、当時の法華信仰においては輪廻《りんね》思想と浄土思想とがともに高度なリアリティをもってうけとめられていたことをあらわしていよう。そして夢とはそうした人間の不安にこたえるための、これまた同様に切実な現実感をもってうけとめられるべき回路であったことが、こうした説話の存在をとおしてうかがえる。

もちろん、少しこまかい点にこだわるならば、夢をみるために籠ったのか、籠りの結果として夢があらわれたにすぎないのか、という微妙なちがいがないわけではないだろう。しかしそれは実際には本質的な問題ではない。中世の『長谷寺霊験記』などをみると、ここにおさめられている三三の霊験譚のほとんどが、参籠、眠り、夢の告げ、という一連のプロセスをそなえているようすがみてとれるが、要はその時代の文化が夢にどれほどのリアリティを認めうるのか、というところに、より大きなことの眼目があるはずだからである。

## 再生のための装置——籠りと夢

日本の民俗社会における人びとの宗教心意は、大きく分けて地域社会の内側に向かっていく方向と、外へ外へとひろがっていく方向の、おもに二つの回路をとおって表出されるといってよい。かつて堀一郎は、同族的祖霊信仰に根ざした内包的信仰と、外部の強力な霊神霊仏の勧請、参詣、結縁《けちえん》といった外延的信仰の二重構造が日本の村落社会には存在すると述べた（『民間信仰』岩波書店、一九五一年）が、もう少し具体的に敷衍すれば、前者はムラ社会における鎮守神（氏神）の祭りとなってあらわれ、後者においては参詣や巡礼など、そのムラから外へと旅立っていく行動がとりわけ重要な意義をもつ。ここで祭りとはかならず一定の社会集団によって担われるものであり、いっぽう参詣や巡礼とは多くの場合ムラをあげてというよりは個人個人とか、せいぜい数人のグループでおこなわれることが多いから、堀のいう二重構造とは、社会という水準での共同的な信仰と、個人の願望に根ざした信仰の二重構造だということもできる。こうして民俗社会における信仰は、方向を異にした二つのそれが相互補完的に、一つの信仰風土をかたちづくってきたことがわかる。

もっとも、人びとは鎮守の神に対して子どもの無事な成長だとか出征兵士の生還を祈ったりすることもあるし、他方で寺社参詣といってもそのムラでいとなまれている講（宗教結社）の代参であったりすることもあるわけだから、右に述べた社会の信仰と個人の信仰というようなちがいはことの一面にすぎない。じつは一見対照的、両極端であるかのような二つのタイプの信仰といっても、けっして別々のものではない。というのは、たとえば何か心願をもって巡礼にでかけたものが、とある寺で参籠していたところ、その寺の本尊の霊威によってその願がかなえられた、という類の話もまた枚挙にいとまがないからである。

そうしてみると祭りとはなんであろうか。祭りとは、ふつうその社会に定期的にめぐってくる、カミとの交歓の機会である。人びとは祭りをとおして時間の永遠性とであい、世界の根源にあるものを知り、人と人とのきずなの絶対性を確かめあう。そうして人びとは、また世界は、ふたたび生まれ変わることができる。そのとき柳田が祭りの本体とまでいいきった籠りとは、明らかにこの世に生まれでてくるべき赤子の生前のすがたにほかならない。

それに対して夢とはなんであろうか。カミならぬ身の人間にとって、夢は自他の人間の生に直接に関わりはたらきかけることができる、もう一つの現実であり通路であるといえる。夢をとおしてはじめて、人は世界の深淵をみることができるのである。だから世の果てのような巡礼の札所でようやく念願をかなえた巡礼も、夜明けの光のなかをよろこびにみちあふれて師となるべき人のもとへかけつけた宗派の祖師も、そこで得たもののひろがりは別にして、夢によって生まれ変わったことには変わりない。しかし人が夢に求めうるのはそれだけではなかった。赤子が母の胎内で夢をみるように、人間たちの社会は、籠りという場のなかで、みずからの生まれ変わりのための夢をみるのである。

# 王の死と再生――一九八九年一月七日

## Ｘ－Ｄａｙまで

一九八九年一月七日早朝、アジアの東の果てのある国で、一人の王が八七年におよぶ生涯を終えた。前年の秋に血を吐いて倒れて以来、一一一日におよぶ闘病の末であった。と書きだせばいうまでもない、この王とはのち一月三十一日に昭和の追号がされた日本の天皇裕仁《ひろひと》のことである。

それからの数日間、すでにある程度予想されていたとはいえ、世の中はまことに壮観であった。テレビに新聞・雑誌などありとあらゆるマス・メディアは天皇「崩御」に関連するニュースに動員され、商店も銀行も歓楽街さえもほとんどシャッターをおろしてひっそりと鳴りをひそめ（まだ正月気分もぬけきらないうちだったというのに）、街角にも行きかう乗りものにも弔旗がかかげられて、ようするに街はひとしくこの王の死を悼んでいるかのようであった。

ほんとうに皆が皆おなじように悲しみにうちひしがれ、喪に服していたのかということになれば、もちろんことはそう単純ではない。「壮観」といったのは筆者一人の表現でしかなく、退屈このうえなかったという感想のほうがよほど大勢だったのだろうが、それにしても少なくとも前代未聞の事態であったのは確かである。明治天皇や大正天皇のときにもこれと似たことがあったという。しかしまさに日本中をまきこんだ規模の大きさはとうてい今回の比ではなかったろう。それになによりも「象徴」という、それ自体はいっこうに内容の不明瞭な名称であるとはいうものの、先代および先々代の天皇とは明らかに社会上政治上異なった位置づけがなされた天皇の死である。このことを機会に天皇制とは、また昭和天皇はいかなる天皇であったのかが、これほどの規模と熱意で語られたのはおそらくほとんどはじめて、という意味でもまたこの事態は前代未聞であったといってよいだろう。一言でいってしまえば、それは高度資本主義、高度情報社会のさなかでの天皇の死、

図4　昭和天皇崩御の朝の弔旗（新潟県上越市）

にほかならなかった。

ではいわゆるX－Dayを機に、いったい何がおこったのか。わたしたちにとってX－Dayとははたしてなんだったのだろうか。もちろん一連のできごとのなかで、過剰自粛やその後の戒厳状態にもちかい警備体制を批判する多くの意見が述べられた。だがおこったことはそれだけだったのか。もしかすると、通常はほとんど意識することのないわたしたちの生活の仕組み・構造といったものがあらわにされた、希有《けう》の時間でもあったのではないだろうか。だがそれを考えるまえに、その日にいたるまでの経過を簡単に確認しておきたい（以後、事態の経緯と報道内容、マスコミ界その他における自粛をめぐる動向についは通常の新聞・雑誌報道によるほか、いちいち出典を記さないが、『総合ジャーナリズム研究』一二七、一二八号に掲載された「天皇報道」資料や、『創』一九八八年十一月号〜一九八九年四月号、『噂の真相』一九八八年十一月号〜一九八九年四月号などで継続的に追跡された一連の記事をはじめ、葛谷茂『ドキュメント昭和の終焉　天皇崩御』（ネスコ）、NHK報道局『全記録・昭和の終った日』（日本放送出版協会）など、じつに多くのものによっている）。

一九八七年四月二十九日　満八十六歳の誕生日、皇居豊明殿での祝宴の席で食べ物をもどし、途中退席する。ひとまずは「疲れ」によるものと発表される。しかしこのあと夏から秋口にかけて頻繁に異常がみられる。

九月二十二日　手術。すい臓腫大（慢性すい炎）による十二指腸の通過障害と発表される。ガンの疑いについては宮内庁も医師団も頑強に否定し、ひとまずはおさまったかにみえたが、病名をめぐる問題は翌秋の闘病生活の最中に再燃し、一つの争点になる。ちなみに「玉体」という表現がこのとき登場した。外科的手術は歴代の天皇に例がないという。

二十八日　国民体育大会を機とする天皇の沖縄初訪問が中止になる。

以後、術後の経過は比較的順調とされ、事実翌八八年一月二日の一般参賀をはじめとして、春から初夏にかけての園遊会や皇居内水田の田植えなど、大きな行事もこなせるまでの回復をみせた。しかし、

一九八八年九月　十八日　恒例の大相撲秋場所の観戦が突然中止される。

十九日　午後一〇時すぎ吐血。輸血をうける。マスコミ各社がいっせいに活動を開始したのはいうまでもない。報道のトップをき

ったのは日本テレビで、一一時三五分、「きょうの出来事」のなかで侍医長の動静を伝える。

二十日　政府は新元号制定のための事務的な準備作業にはいる。しかし翌日このことが報道されるや、右翼団体からの抗議・脅迫の電話があいつぎ、自民党内部からも非難の声があがる。不謹慎である、というのがその理由であろう。

二十一日　在京民放テレビ五社の編成局長会議がひらかれ、X-Dayにおける「特別編成措置」の大綱が合意されたという。イギリスの大衆紙『サン』『スター』が天皇の病状を伝えるとともに、戦争責任問題について刺激的な記事を載せたとのことで、在英大使館が抗議を申しこむ。

二十二日　政府は国事行為のすべてを皇太子に委任する。宮内庁は皇居坂下門など全国の同庁施設一二ヵ所に記帳所を設置して一般からの見舞いを受けつけ、またこれにならう自治体が各地にあらわれた。

二十三日　山口放送が本社ロビーに記帳所を設け、その旨をテレビ・ラジオで放送した。

二十四日　病状悪化。朝日新聞および共同通信の配信をうける加盟新聞社が「ガン」を報道し、世間の憶測を裏づけたかたちとなる。

マスコミはここを先途とばかりに大取材陣を投入し、定時ニュースのほかにも臨時ニュースや時間外に克明に容体を伝えはじめるが、ニュース源も材料もきわめて限定され、宮内庁の発表をただ垂れ流しにするほかはなかった。テレビについていえば、日に三回、黒っぽいスーツをきた記者が宮内庁の階段をかけ降りてくるや、発表されたばかりの「体温、脈拍、血圧、呼吸数、下血《げけつ》の有無、輸血の量」などごく限られたデータをしゃべると、放送局のスタジオにいるこれも黒っぽい服装のキャスターが、その数値をただオウムがえしにくりかえす、というのが一つのパターンとして定着した。またわたしたちは「下血」という耳慣れないことばに接することにもなった。ともあれ情報の極端な貧困と報道の極端な過剰は「大本営発表」と揶揄《やゆ》された。こうしたなかでおきた、九月二十六日の *Mainichi Daily News* が天皇死去を前提とした社説をあやまって掲載してしまうという一大〝誤報〟は、「大本営」状況のもとでの勇み足であると同時に、一

## 大本営発表

連の病状報道が、プログラムに刷りこまれずみの国民的イベントにほかならないことをはしなくも暴露してしまう〝事件〟であった。

## 自　粛

こうしたマスコミ界の一種異様な活況と裏腹に、というよりは活況に後押しされるかたちでこのころから目立ちはじめたのが、「自粛」である。テレビ番組の自粛の第一号は二十日にはすでにあらわれており、ニュースにおされての中止を別にすれば、フジテレビ系の「笑っていいとも」でにぎやかなオープニングテーマがカットされたのが最初といわれる。さきの大誤報の毎日新聞社が責任者を更迭《こうてつ》してみたり、天皇の写真を裏焼きしてしまった『女性自身』（十月十一日号）があわてて発売を中止し、回収に及んだりしたのはマスコミ内部の問題にすぎなかったが、社会情勢としての自粛は明らかに報道機関の演出によるところ大であった。まず、お笑い、プロレス、ヌードが消え、「ガンを告げる瞬間――生きて、いま富士に立つ」や「お葬式人情物語」がほかの番組にさしかえられた。コマーシャルや広告では「ついにその日がやってきた」「みなさ～ん、お元気ですかぁ」「素敵な旅立ち」「津村君おめでとう」「セブン・イレブンいい気分」「大きく育って」（ガンが育つ、と聞いたのか?）、「コーヒーは生豆です」（理由不可解）、「死ぬほど笑ってお腹が空いた」等々が消えた。「泣いて血を吐く」とか「どうせ死ぬときゃ裸じゃないか」という歌詞の歌が放送自粛（禁止！）になるにおよんでは笑い話というほかない。

しかしことは笑い話だけではすまなかった。客観的な報道の体裁をとったマスコミによる自粛の〝強要〟は、たちまちに全国へとひろがっていったのである。「バカヤロー！いいたい放題コンテスト」（二十二日、東京）、「どんどんまつり」（二十二日より、石川県）、「ヨコハマカーニバル」（二十三日、横浜市）といった催しの中止は、その先駆けだろう。おりから秋祭りのシーズンをひかえて、伝統的な祭りさえも中止するところが続出した。これだけならどうということもない。祭りとは古来、境内に犬の死骸がころがっていたなどの理由で、いくらでも中止されてしまう体のものだったのだから。しかし今日の祭りは伝統という枠のなかに按配よくおさまるような古式ゆかしい行事だけではすでにすむはずもなく、借金の返済にいき詰まった露店商夫婦が、あるいは地域の体育会を開催するかどうかで悩んだ自治会役員が自殺するというさわぎにまでなった。

自粛は右翼勢力にまでおよび、有力なオピニオンリーダーの一人である野村秋介の批判にもかかわらず、翌年三月九日まで街宣車がほぼ姿を消した。

十月八日にはついに皇太子みずからが、こうしたムードを憂慮する発言までせざるをえなくなり、病状の膠着《こうちゃく》状態やマスコミの掌《てのひら》を返したような自粛批判ともあいまって、ようやく沈静化の方向に向かい始めるが、一種の閉塞気分は逆にさまざまな風聞を生みだした。ことの性格上そうした風聞が存在したということの真偽を確かめようはないが、天皇の血液型はＲＨマイナスで、全国のＲＨマイナスＡＢ型の男女が日赤によばれて献血を強制されているとか、あれは若い女性のものだ、いや自衛隊員が毎日野菜をしこたま食わせられたあげく血をとられているんだ、などという類《たぐ》いがまことしやかにかけめぐった。皇居付近の病院では赤ん坊を殺して血をとっているらしい、などというえげつないものまであらわれたらしい。これらは最終的に三万ｃｃを超えるほどのかつてない大量の輸血とその報道、そして毎晩のように暗闇のなかに消えていくテレビ画面のなかの白い血液搬送車等々があいまってつくり出した噂話だったが、女子中学生たちのあいだでは「下血」が生理の隠語としてもとびかった。すでに死んでしまっているのだ、という定番ものはともかく、やせこけた天皇を看護婦が布団といっしょにめくりあげてしまった、などというのはどういう想像力のなせるわざなのだろう。このほか、新元号についての噂が多数発生したのは、Ｘ－Ｄａｙ後に関するものとしてなかなかに興味深いものがあった（これらについてもいちいち出典をあげないが、吉岡忍「天皇めぐる噂の構造」〔一九八九年一月十九日付『新潟日報』〕、鎌田慧「昭和六三年末の流言飛語」〔『話の特集』一九八九年一月号〕、浅羽通明「昭和が終わる日、僕たちは、さまざまなデマでつかの間の異質の時間を生きた！」〔『うわさの本』ＪＩＣＣ出版局〕などによった）。

フォークロアとしての王

## その日

自粛させられたＣＭコピーではないが、「ついにその日がやってきた」。マスコミが、世のなかが、〝待ち焦がれていた〟日の到来である（このような気分について野間映児は、「記者会見の席で侍医団の一人がかつて、『皆さんが待望する日は来そうにありません』と発言して苦笑を招いたことがあったが、取材関係者にとってはまさに〝待望の日〟だったといえるかもしれない」と述べている〔「〝Ｘデー〟テレビが死んだ日」『創』一九八九年三月号〕）。この瞬間から街の風景がどう変わってしまったか、記憶に新しいところだけれども、必要な範囲で確かめておくことにしよう。

この事態に対してまっさきに反応したのがまずテレビ局、ついで新聞であったのは当然である。皇居周辺や関係者の自宅に対して二四時間体制の張り込みを、一〇〇日以上にもわたって敢行してきたのは、じつにこの日のためであったのだから。かねてからの手はずどおりにいっさいの通常番組が即座に死去――「崩御」報道にきりかえられ、新聞の号外も発行された。ある中堅の新聞記者はその一瞬の気持ちをつぎのように語っている。

午前五時。

何気なく目が覚めるのと、無線機に高木邸（注―侍医長宅）前からの第一報が飛び込むのとほぼ同時だった。「侍医長が出かけます」。何でもない日常が、崩れた。重大な異変に間違いなかった。すぐに無線機に取りついた。心の中で、いかに「その瞬間」に立ち会うつもりでいたかを自覚した。そういう仕事が好きだということも、その間に知った。（『天皇の門番』ＪＩＣＣ出版局、九二ページ）

また別の若い記者は、その一瞬の社内の空気をこう描写した。

七時四十五分に次の記者会見があるとテレビから流れた。やがて三分遅れてテレビで崩御の発表があった。その瞬間、天皇陛下崩御の文字が画面に現われ、音声も一瞬止まった間の悪さのせいか、なぜか笑いが起こった。（同前、九四ページ）

天皇の死去をいちはやく速報した共同通信社では、報道した六時三三分という死去の時刻にまちがいがないことを確認すると思わず拍手がわいた（小田桐誠「〝天皇Ｘデー〟マスコミ報道の舞台裏」『創』一九八九年三月号）という。時間が一分でもずれていれば幹部の更迭・処分はまずまちがいないからであろう。極度の緊張の反動としてやってくるこうした気分は、たんに取材の最前線にいたマスコミ関係者にとどまらず、むしろ社会全体が共有する体のものだったろう。この日「町は悲しみにくれています」というコメントとは裏腹に、というよりはできあいの常套文句を垂れ流しつづけるアナウンサーのどこか晴れやかな表情と同じように、街は一つの雰囲気を皆で演じているという、むしろ浮き立つような奇妙な明るさにあったというほうがよかったかもしれない。

いま筆者が住む地方小都市でのせまい経験でいうならば、この日の街を飾ったのはまず弔旗・半旗、そして店先に早くも張り出された追悼広告であった。正直をいえば、「大行《たいこう》天皇」ということばをこのときはじめて知ったし、黒い喪章をつけた弔旗を見たのもはじめてだった。「先帝陛下」という表現にぶつかったときには、われ知らずあるとまどいを覚えたのはなぜだろうか。筆者のとぼしい知識は別にしても、このような行動を街が経験するのも、大部分の人にとってははじめてだったろう。祭日に一般の民家や商店の軒さきに日の丸の旗を見ることも、いくら地方の小都市だからといってほとんどなかったのだから。追悼広告の文面について、商店会としての申し合わせや通達のようなものがあったのかどうかは知らない。しかしこれにさきんじてどういうルートでか、少なくとも日章旗と喪章が大量に仕入れられ、作法が周知させられたのは確かである。もっとも新聞を手にいれようと立ち寄った近所の県立病院の売店で、喪章がないからというのでやむをえず黒い長靴下で代用しようとする老人がいたのには思わず笑いをさそわれてしまった。行き交うバスはすべて前部に弔旗をかかげており、郊外のムラムラにこうした街の雰囲気のなにがしかを伝えていったにちがいない。

## 物忌み

テレビからいっさいの通常番組とコマーシャルが消えた二日間については、もう十分すぎるほどに言いつくされた感がある。数ヵ月もしくは数年にわたる準備のあとというにしては、メディアとしての可能性を放棄した、というのが大方の結論だった。金融機関の営業の一部〝自粛〟は土曜日だったこともあって、実質的にあまり大きなダメージを受けずにすんだだろう。しかしこの土曜日というのも、じつは一つくせものであった。あまりにタイミングがよすぎるというのである。タイミングといえば六時三三分という公式の死亡時間についても、竹下首相の皇居到着時間にあわせて故意に遅らせられたという意図不明の噂（『サンデー毎日』一九八九年一月二十九日号）が流された。また国益（何の国益か？）にかんがみた皇太子みずからが、皇后にかわって点滴の管をはずす聖断を下したという救いようのない話（『噂の真相』一九八九年三月号）から、高田馬場のマクドナルドで上品なおじいさんが顔をベチャベチャにしながらハンバーガーを食べていて、よくよく見たら天皇陛下だった（亀井淳「終りの始まり『象徴天皇制』」『話の特集』一九八九年三月号）、など他愛ないものまで噂の生産はいっそう急ピッチだったようである。

また歌舞音曲は当分のあいだ差し控えよという通達は、公共的機関はいうまでもないこと、寄席から風俗営業にいたるまで、少なくとも表の世界にはあるとまどいをともないながらも比較的スムーズに浸透していった。吉原のいわゆるソープランド街のけばけばしい看板の下に黒い布をつけた弔旗がずらりと並んださまは異様でもあり壮観でもあっただろう。反面この間のレンタルビデオ・ショップの繁盛ぶりは特筆に値する。風俗街も一歩裏にまわれば、この夜平常以上の金を荒稼ぎした店も少なくなかったという（郷為五郎「天皇Xデイ下の性風俗業界の〝自粛〟最前線事情」『噂の真相』一九八九年三月号）。

翌日から週刊誌の増刷・別冊の先陣争いが始まった。内容はともかくとして練りに練られた手順の結果だっただろう。『週刊朝日』緊急増刊の推定一〇〇万部を筆頭に、おもだった雑誌だけで約六五〇万部から八〇〇万部を刷り、平均以上の売り上げ部数を得た（松田賢彌「〝天皇追悼増刊号〟予想以上の売行き」『創』一九八九年三月号）。それも増刊特集号、通常号、ついでムックのような保存版とつづくわけだから、出版社にとっては広告の減少を補ってはるかにあまりあるフィーバーが訪れたにちがいない。かわったところでは『実話ドキュメント』三月号のように、通常は各地暴力団の動向や拘置所在監者の投書とセックス記事を中心に編集される月刊誌さえもが特集を組んで、右翼団体の主催者らの大時代な追悼の言葉と性玩具の広告とが一冊におさまり、『微笑』一月二十八日号では男女のからみのカラー写真と故天皇の顔写真が見開きでならぶという、みるからに珍妙な誌面がつくられた。

というようにこの数日を一言で表現するならば、秩序あるカオス、予定された混乱、疾走するストップモーション、均衡あるアンバランス等々とでもいったらよいのだろうか。日常とはかなり隔たった奇妙な時間が経過していった。

## 重ねの正月

一月八日午後二時すぎ、新しい元号が平成に決まったと発表されたときから、街の顔が、というよりはテレビの表情がまた少し変わった。天皇の死を悼むというよりも、新しい時がやってくる、もしくは時代が変わるというトーンが明らかにそこに加わったのである。さきにも書いたように闘病の末期、元号に関するひそやかな風聞が流れ、天皇が死去したら電車が終夜運転するとか、反対にいっさいがストップするなどとまことしやかにいい交わされ始めたときから、閉塞状況にケリをつけるための形をなさない期待がすでにこめられていたにちがいない。それが「平成」という新しい符号を与えられることによって、一挙に表面化したといってよい。それは、正月がもう一度やってくるという気分に近いものだった。

日本には古くから、重ねの正月、年重ねの祝い、年なおしなどとよばれる習俗があったという。いずれも厄年に関する祝いで、男なら四十二、女なら三十三の厄年にあたった者が、多くの場合二月一日にもう一度正月の祝いをやってしまい、仮の年をとることによって厄をはらうというものである。こうした風習はおもに東北地方に伝えられていたが、四国地方では仏《ほとけのしょうがつ》正月とか辰巳《たつみ》正月とよばれる習俗があった。こちらは反対に年内におこなわれ、年内に死者をだした家では十二月初の辰巳の日に墓参りをすませてしまい、のち人なみの正月を祝うというものである。いずれにしろ暦の上でめぐってくる正月のほかに、人為的に年を切り替えて新しい時間を開始させることは不可能ではなかった。また流行《はや》り正月といって、世間に災厄が頻発するとこれも二月もしくは六月一日に餅を食べ、門松を立て、ようするに正月を再度祝うことによりそれを追い払おうとする風習もある。ここから、労働に疲れたムラの若者たちが地区の区長の家の前に門松を立てて強引に休み日をとってしまうのも、流行り正月とよばれることがあった（『総合日本民俗語彙』〔平凡社〕などを参照されたい）。

一月七日の夜から翌八日にかけて、そして八日、すなわち平成元年最初の日からしばらくの間に世の中を支配した気分は、右のような流行り正月にきわめて類似していたといってよいかもしれない。七日の夜、テレビ局はスタジオのなかや街角の人々に、昭和とはどういう「時代」だったのか、また平成がどんな「時代」であってほしいのかをしきりに聞き出そうとしていたし、聞かれたほうもあたかも一晩で「時代」が変わってしまったのを当然のことのように反応した。カメラは病院のなかにもはいりこみ、昭和の最後に生まれた子ども、平成の最初に生まれた子どもの話題をひろっていた。さらにある局は真夜中の時計台を大写しにし、「昭和」から「平成」にむけてカウントダウンしていく。それはまさに「行く年、来る年」のノリであったといってさしつかえない。元号というものの変更がこうした気分をさらに盛り上げる役割を果たしていたのはいうまでもないし、同時に時代が、ということはとりもなおさずわたしたちの「時間」そのものが元号によって区画され、くくられるのだという事実をもわたしたちは改めて思い知らされたのである。

これまでしきりに、奇妙な明るさと表現してきたものの本体とは、たぶんこれだったたのではないか。実際、九日に再開された株式市場は最初のうちこそ薄商いだったものの、最終的には六日の終わり値にくらべて四六八円あまり高い三万六七八円という史上最高値(ただし東京市場)を記録した。また平成への切り替えにともなって、製紙、印刷、印鑑(ゴム印)等の大幅な需要増がみこまれた。これらの業界への恩恵はかならずしも思惑どおりに進展しなかったようだが、それにしても前年秋の自粛騒ぎのときの落ち込みようにくらべて、経済界を含めた社会全般の立ち直りの早さは印象的である。それは社会やマスコミが過剰な自粛と反省とをすでに経験してきたから、というのが一つの説明になりうるのは確かであろう。しかしそれ以外にもそこに示されたのが、病気という先の見えにくい状況ではなく、「平成」という記号とともにやってきた、そこはかとない未来への幻想であったというちがいの作用するところも相当に大きかったのではないだろうかと思うのである。

## 文化英雄

もう一つ看過することができないのは、この間にあらわれた氾濫といってよいほどおびただしい数の天皇論である。その多くが戦争責任論であったのはいうまでもない。長崎市の本島市長の発言(一九八八年十二月七日、同市長は議会での一般質問に対して、「天皇に戦争責任がある」と答弁し、全国的な議論をまきおこした)は、この国の天皇制を支える保守陣営ですら、この点については解ききれない難問を依然としてかかえこんでいることをあらわにした。天皇制擁護派の知識人たちはむろん、天皇は戦争に関して責任がないという議論を、ここぞとばかりにくりかえしていた。死者を笞打《むちう》つことに慣れない文化風土にあって、天皇の死は政治的プロパガンダに絶好の機会だったろう。

天皇無責任論の基調をなしたのは、明治以後、第二次世界大戦にいたるまでの天皇制は歴史上きわめて特殊な姿にすぎないのであって、現憲法に規定されるのと同じく象徴にほかならなかった、という議論である。天皇の神々しさに対する賛嘆、大葬《たいそう》や大嘗祭《だいじょうさい》を厳格に伝統にのっとっておこなうべしという意見、元号を擁護する意見、等々が、今日国民大方の支持を得ているとされる象徴天皇論にもとづいて組み立てられる傾向、つまり従来のような「象徴」の否定でなく再解釈によって制度そのものの存続なり伝統との融合を実現しようという戦略が大きな流れとしてみえてきたのも注目すべき現象であった。

歌人もしくは学者としての天皇像は、新聞や放送というメディアの場合、かならずしもこうした戦略にのっとったわけではないが、少なくとも有利にはたらいたであろう。

歌についてみれば、生涯の折り目折り目に詠んだ作品がこれほどまとまって話題になったこともめずらしい。新聞のラジオ・テレビもこぞって特集としてとりあげ、『短歌』誌はただちに臨時増刊号を発行した。なかでも上海事変の収拾に努めたという陸軍の一司令官を詠んだ一首は、天皇が一貫して平和主義者であったというキャンペーンの一角を構成した。彼の歌は職業歌人のそれのように技巧にすぐれたものとはいいがたいかもしれないが、それだけに和歌に象徴される日本の古き良き伝統の体現者としてこのうえない存在であったにちがいない。

また生物学者としての側面もさかんに描かれた。啓蒙的な科学雑誌『OMNI』三月号は、自然科学領域のメディアにはめずらしく二〇ページにわたる特集を組んでいる。学者天皇というイメージ、そしてそれにまつわるいくつかのエピソードは、神秘性の強調というキャンペーンとは異なる方向を指し示したにしても、脱俗性――すなわち象徴天皇――という点で歌詠み天皇と軌を一にしていたといえるであろう。

さらに元号が天皇制イデオロギーにとってどれほど重要な意義をもちうるかは、一九七九年、元号法制化を要求して割腹した大東塾塾長影山正治の行動によっても明らかである。が、いっぽう一月十五日『朝日新聞』に大々的に意見広告を掲載した市民グループの拠点雑誌でもある『話の特集』が、天皇の神格化反対などとともに新元号をいっさい使用しないことを宣言する（一九八九年三月号）など、元号の是非が改めて問われる機会でもあった。だがこれら一連のできごとの間に、どれだけの人びとが「一つの時代の終わり」という意味のことばを口にしたことだろうか。心の奥底にあるなにがしかのセンチメンタリズムをくすぐるこのことばが実際にいかほどの内容を含みうるのか、若干の異議もだされないではなかったが、しょせん大勢にまではいたらなかった。かくして現代の王はみずからの死をひきかえにすれば、いまでもなお時代や時間をさえ管理しうる文化英雄であることをも見事に証明したといえるのである。

それにしても時間を支配すべき元号が、「地平らかに天成る」(『書経』)、「内平らかに外成る」(『史記』)といずれも中国古典からとられたという事実は、天皇制イデオローグの意図にもかかわらず、今日の日本が依然として中国文化圏に属することを見事に示してしまった点で皮肉というほかはなかった。

もどきとしての王

**正月もどき**

これまで述べてきたことは、一連のできごとに対する一つの解釈の可能性にはちがいなかった。しかしわたしたちはここでもう一つ考えてみなければならない。天皇にはいまなお文化英雄としての顔が抜きがたくまとわりついていると、ことさらに主張してみたところで、当然のことだが、彼はなにも「文化英雄」という人類学的民俗学的概念そのものとして生きているわけではないし、天皇制という装置にしても同様である。いかなる概念にしてもすべからく個別具体的にしか存在しえない、というあたりまえの理屈に思いいたってみれば、そうした解釈がわたしたちのこの社会に対する理解をなにほど助けてくれるのだろう。おなじように、代がわりがじつはもう一つの「正月」にほかならなかったともどいてみたところで、だからどうなんだといわれてしまえばかえすことばもない。はやい話が、もどかれたほうの「正月」なるものはいまでもこの世の中に確固として存在しつづけているだろうか。もしかすると、本当はそこのところをまっさきに問うてみなければならなかったのではないのだろうか。

と筋道を追ってくると、見立てのもとになった「正月」なるものもだいぶあやしくなってくる。わたしたちの念頭にあった正月とは、たぶんつぎのようなものだったにちがいない。

正月はトシガミの来臨を請うてこれを祀り、一年の農耕生活の安泰を祈ろうとする分子と、一年の行事を儀式化して演出し、類感呪術・模倣呪術によって予期の収穫を得んとする行事や年穀や天候の吉凶を占なう行事を中心にして、種々の呪術宗教的な要素を以《もっ》て構成されている。歳神のトシは時間の区切りとしての「年」であるとともに年穀の稔（トシ）でもあり、したがってこの神は穀物霊、ことに稲霊《いなだま》から発達した農耕神と考えられる。

また正月は一月一日に始まる大正月と一月十五日を中心とする小正月に分かれ、「大正月に厳粛なものいみの気持があったのに対して、小正月にはわざおぎのまねびをする気分が濃い」（ともに、民俗学研究所編『民俗学辞典』〈東京堂出版〉による）とも特徴づけられた。ここからも昭和天皇の死と新天皇の即位とはまさに大正月にふさわしかったと解釈できる。

しかし今日実際の正月ははたして右のようにモデル化された正月といいうるだろうか。そう問いかけてみれば、もはや似て非なるものに変質してしまったことがわかる。わたしたちはもう「厳粛なものいみの気持」からほとんど無縁であるし、そもそも私たちのもとには穀霊としての歳神も祖霊としての歳神も、というよりなによりも歳神そのものが訪れてくることがもはやなくなってしまった。大晦日から元日にかけてのにぎやかなテレビ番組と初詣でのなかの祝祭的気分が、わずかに正月らしさをうかがわせるといっても、そうした華やぎの気分を支えているのは、それにさきだつ物忌みどころか、全国の家庭に娯楽番組を送りこむマスメディアや、数千万人規模の初詣で客の足となる交通機関に従事する人びとの、それこそ暮れも正月もない労働にほかならない。正月自体が今日にあっては壮大なもどきと化してしまっているのである。そうした現状のもとで、天皇の死を正月にもどくことがどれほどのリアリティをもちうるのだろうか。それとも反対に、現代の正月はこうした出来事のなかにしかみつけることができないとでもいうべきなのだろうか。

ではもう一つ、文化英雄としての顔についても考えてみることにしよう。

## 英雄もどき

日本の社会にあって元号が時空軸の設定に重要な機能を果たしてきており、現在もなおそうであるのは疑いない。明治・大正・昭和というような公的に設定された元号ばかりでなく、「戦後」もまた元号機能を担っているのはつとに指摘されたところであるし、この頃目にはいったところでもたとえば「緑化元年」、「フロン元年」、「時短（時間短縮）元年」などなど、無数のいわば「私年号」が次つぎと生み出された。過去においても甲子革令《かっしかくれい》・辛酉革命《しんゆうかくめい》といった中国産の思想と習合して、一定の年や疫病・飢饉のおりの改元も数限りなくあった。わたしたちにとって時代とは、近代の歴史学が説くように社会の発展段階の指標ではなく、一夜にしてガラッと入れかわってしまうようなものであった。明治以降法制化された一代一元の原則がさらに輪をかけている。このたびの昭和回顧ブームもそうした認識の例外でなかったといえよう。

だがそこにもう一歩踏み込んでみたときことに印象的だったのは、自分の半生の鏡としての同時代人たる天皇の生涯という見方であった。人はみな、戦前から戦後にかけての自分自身の歩みを天皇のそれと重ねあわせに昭和を振り返ろうとする。天皇の戦争責任免罪論もその延長上にあったといえる。だから天皇の一生に対するある種の感情移入の歴史観、とでもいったほうがよほど正確かもしれない。昨今の天皇の戦争責任論議の多くが、歴史における個人の役割という、あの有名な命題をどこかへおきざりにしてしまっているのではないかと思わざるをえない水準のものでしかないのも、賛否いずれにしろこうした感傷性のゆえであろう。たしかに昭和天皇の一生は起伏に富んだものであったし、庶民のそれにはもっと大きな波乱があった。だからことばの広い意味でいうならば、なるほどそれも「象徴」天皇にはちがいなかろう。しかしこの場合の象徴とは憲法で云々されるような国民・国家の象徴というより、もっと生活のレベルでのそれではなかったかと考えられる。その意味で、これもしばしば指摘されるところの新天皇のマイホーム指向（亀井淳は新天皇が昭和天皇になかった独自の特徴を出そうと思ったら、それは「マイホーム」型天皇というイメージしかないと指摘している〔「終わりの始まり『象徴天皇制』」『話の特集』一九八九年三月号〕）は、今日の国民の天皇に対するまなざしを見事に掬《すく》いあげているのである。

また文化英雄＝(旧)天皇の誕生日をどう処理するかということも問題になった。代がわりによって天皇誕生日が変更されるのはいうまでもないが、過去の天皇のそれをどうするかについて、とくに定めがあるわけではないだろう。大正天皇の誕生日が名称を変えても祝日にならなかったことからもそれはわかる。しかし昭和天皇の場合は、ただちに「みどりの日」と称して国民の祝日とすることが決定された。「みどりの日」制定の表向きの説明はどうであれ、生物学者であった旧天皇の遺徳をしのぶために、などというきれいごとを額面どおりにうけとるものなどいはしないはずだ。いわゆるゴールデンウィークの一角を占めるこの日を祝日からはずすことなど、もう誰にもできはしないところまで世の中はきてしまっているのだ。これらの日々を休暇として存分に楽しもうとするものにとっても、この期間がかせぎどころと期待する人びとにとっても、要するに国民生活に与える影響はあまりにも大きすぎる、という判断以外に何が考えられるだろうか。天皇誕生日もまた世俗を構成する一要素として、「象徴」からも「英雄」からもはるかに遠く隔たってしまっているのである。

ちなみに昭和天皇が死去したこの年、一九八九年のゴールデンウィーク期間中、おもな行楽地に行った人は約五九八八万人(前年比一一八六万人増。警察庁発表)、成田空港から海外にでかけたものは二六万二三一八人（前年比二三・六％増。東京入管成田支局発表）であった。

## 見えない天皇制へ

一九八八年秋の吐血から翌年二月の葬儀にいたるまで、わたしたちは天皇をめぐってさまざまなことを経験した。そして春にははやくも天皇の存在などすっかり忘れてしまったかのようである。この間、いっぽうでは天皇個人の善良性をテコに天皇の神聖性を強化させようとする動きが公然化し、他方では軍国主義的天皇制復興への意図が懸念され糾弾されもした。またいっぽうには病状の悪化にともなう自粛や見舞いの記帳へのなだれをうつようなブームがあり、反対のはしには「天皇なんて関係ないよ」とばかりにビデオテープを借りだし、スキーをかついでバスに乗る若者たちがいた。それぞれの側の論者がこれらの現象を、ときには自分の都合のよいように、ときには悲観的に解釈しようとした。おそらく両者にとっての天皇とは、さっそうと白馬にうちまたがり、帝国軍隊を統率する万世一系の大元帥陛下であるのだろう。彼らの綱引きはまもなくやってくる大嘗祭をめぐってますます激しくなるにちがいない。

しかしそれはどこかポイントがずれているのではないか。考えてもみよう。大衆の天皇観が一筋縄でいかないのは、記帳に行く若者と、いそいそとスキーにでかける若者とがけっして別人ではないことからもいえる。またなによりも一一一日間にわたって血圧から脈拍、毎日の下血の有無までもがあらいざらい——これほど私事がおおっぴらにされてしまうことなど、わたしたちの生活ではまずありえない——さらけだされ、それこそ肉のかたまりにまで丸裸にされてしまった天皇が、しかも現代社会でもっともありふれたガンという病気で命を終えるはめになった天皇が、どうしたらもう一度神聖なる王としての権威と権力とをとりもどせるのだろう。となれば今度の天皇には、「皆さんとともに」（一月九日「朝見の儀」における新天皇の言葉。実際は「皆さんとともに日本国憲法を守り、……」とあった。このくだりは右翼勢力に少なからぬ衝撃を与えたといわれる）という地点から出発する道しか残されていないではないか。この社会の頂上に君臨するような熱い天皇制、堅い天皇制だけを念頭においたいっさいの現代天皇論は、もうほとんど不毛でしかない。右翼活動家にしてイデオローグたる赤尾敏さえもがこういっている。

右翼団体の一部には、昔のような天皇主権で天皇親政にしろって言うのもいるが、そんなことできっこねえよ。今の天皇陛下が、戦争を指揮して勝てると思うか？　勝てっこないに決まってるわ。ケンカやったこともないぞ、天皇は。（『平成元年の右翼』ＪＩＣＣ出版局、一二ページ）

もちろんだからといって、はやばやとわたしたちが天皇制を見限り、ふっきってしまったわけではない。むしろわたしたちが思い知らされたのは、反対に天皇という存在がいかに柔軟で強靭か、ということにほかならなかった。政教分離の原則などという、ヨーロッパ型の政治思想ではとうていとらえきれないところまで変幻自在に、どのようにでも姿を変えていく。ときにはマイホーム型の、庶民風の家族をさえ演じることができるのだ。わたしたちの王はこれからさき、ますます目に見えにくいものになって、なおかつしたたかに生き延びていくにちがいない。この社会は、何百年もの昔からなんとやっかいなシステムをかかえこんでしまったものだろう。

# 歴史から祭りを読む

# 宮座と祭り

## 村の自決権

### 社会の自決権と祭り

わたしたちがふだんの暮らしをくりかえしている地域社会というものは、自分たちのことを自分たち自身で決めたり処理したりする能力や権限をはたしてどこまでもっているのだろうか。と改めて考えてみると、近年、地方の時代などといわれて、地方の自治性や固有の文化などをできるだけ生かし、評価しようとする機運がしだいに高まりつつあるにもかかわらず、実際にできることといったらほんのわずかしかない事実に気がつくだろう。いわゆる三割とか一割自治の話をしているのではない。そういった地方自治体を含めて、ある地域的なまとまりを前提にいとなまれている地域社会がもつことのできる自決権・自決能力一般についての問題である。一定の法律にもとづいて存在する地方自治体でさえ、ごく限られた範囲での条例などを制定する権限が認められるだけで、警察権を直接にぎっているわけではないし、まして裁判権となれば国家機構が独占的に行使すべきものとされている。考えてみれば当然のことで、地域社会がてんでに自分たちの法律を制定し、裁判をおこない始めたら収拾のつかないことになるだろう。

けれどもそういった今日での常識が、いつでもあたりまえというわけではなかった。歴史を振り返ってみると、生活のルールを決する権限を国家なり公の権力が独占するか、地域社会の自治にゆだねるか、あるいはその境目をどこにおくか、という点をめぐってのかなり深刻な綱引きがつねにあった。右にみたような近代社会の仕組みは、そうした歴史のなかでの一つのあらわれかたにすぎないといえばいえるのである。

一見、祭りとほとんど関係のないことを述べていると思われるかもしれないが、じつはそうした社会の自決権・自決能力と祭りとはけっして無関係ではない。というのは祭りといういとなみに大きな意義をもつような社会とは、生産・生活上のまとまりもきわめて高く、それゆえに生活社会が個人なり家族なりの暮らしに直接介入してくる側面もきわめて強いのがふつうだからである。というより、祭りとは通常、そうした生活上の結束をよりかたいものにするためにおこなっていくものだからである。そこでおもに近代以前の社会にあって、地域社会＝共同体というものが人びとにとってどのような存在であったのか、というところから話を始めていくことにしたい。

## 九条政基の日記

和泉国《いずみのくに》日根荘《ひねのしょう》（現大阪府泉佐野市）のあたりでは、文亀三年（一五〇三）の夏に日照りがつづき、当然の結果としてその年から翌年にかけて大飢饉におそわれた。多くの農民が飢えて死に、残ったものも蕨《わらび》をほってようやく命をつなぐというありさまだった。蕨の根を粉にし、水にさらして食べるのである。ところがさらしてある蕨をねらう盗難事件もまたひんぴんとおこった。あるときその盗人を発見した村人たちが追いかけ、家にいた母親と子どももろとも殺害してしまった。その翌月にもおなじように蕨の盗難があり、このときにも村人みずからが家族もろとも殺してしまっている。このできごとはいずれも前関白九条政基《くじょうまさもと》の『（政基公）旅引付《たびひきつけ》』という日記に記された。

九条政基は文亀元年（一五〇一）から永正元年（一五〇四）までのあしかけ四年にわた

って、みずから所領である日根荘の経営にあたるためここに滞在しており、『(政基公)旅引付』とはその間の政基の日記である。この日記は、当時のごく平均的な農村のありさまが、支配者の目をとおしてではあるけれども、なまなましく描きだされていることでよく知られている。

じつは政基は到着そうそう三ヵ条の制札をかかげていた。その第二条には、三銭以上の金銭を窃盗するにおよんだものは、たとえ政基直属の部下であろうとも、罪科が明らかであればことわりなしに切り捨ててよい、とあった。しかし右の一件にもあったように、日根荘の村々がみずからのものとしていた掟の厳しさは、政基の布告の内容をはるかにうわまわるものであったのである。さきの盗人に対する処分は領主である政基にことわることなしに実行された。しかし政基はこれに対して追認するほかなく、ただ「盗人である以上自業自得である。南無阿弥陀仏〱」と日記に書き記すのみであった。

笠松宏至氏によれば、中世社会において窃盗は支配者にとっては一般に軽罪にすぎないが、在地の住民にとってはきわめて重大な犯罪と考えられていたという(笠松宏至ほか『中世の罪と罰』一九八三年)。窃盗にかぎらず同じ犯罪に対して、在地と為政者とで軽重の基準が大きくずれることはめずらしくなかった。それゆえ在地のものが、為政者の思惑をこえた処分にはしってしまうことも少なくなかったろう。日根荘のさきの事件とおなじ年の正月十五日、正月の宴の席でおこった盗難事件の犯人を処刑したさいにも、犯人の家は破却することなく、八歳になる男子にあとをとらせると政基が決定したにもかかわらず、村人たちは後日その男の家をおそって、これまた妻子を皆殺しにしてしまうということがあった。支配者による権力の行使とは独立して、村人は自分たち自身の論理にしたがって行動していたことがここからも理解できよう。

## 自検断

このような自決権の行使は一般に「自検断《じけんだん》」とよばれたが、自検断の強制力を裏づけたのは「一味」という観念である。一味とは心を一つにした多数の仲間、とか心を一つにしてことにあたること、というほどの意味で、「一同」「一味同心」「一揆」などということばでも表現された。十三世紀のなかごろ若狭国太良荘《たらのしょう》で地頭代と農民とのあいだに相論が生じたとき、地頭代が農民側の一人をだきこんで不法をおこなったという、相手側からの非難に対して、「百姓の習い一味なり」といって反論したことが知られている。農民の一味としての結束はきわめて強固なのだから、それをきりくずすことなどありえない、という主張である。あるいは地頭代のいいのがれにすぎないのかもしれないにしても、そうした表現をゆるすほどに「一味」の結束は強いものと考えられていた。

ところでこの地頭代の文書には、「(百姓たちは)一味して起請文《きしょうもん》を書いたのだから、皆同心である」という興味深い文言がつづいている。起請文とはよく知られているように、行動をおこすにあたってその行動をあくまでつらぬきとおすこと、仲間をけっして裏切らないことなどを誓い、もしその文言に違背した場合には神仏の罰をうけるべきであることを述べたものである。料紙としては牛玉宝印《ごおうほういん》がもっとも普通にもちいられた。太良荘でも、農民たちは起請文を書いて一味の結束を誓っていたのである。というより一味とは、たんに多数の人間がなにごとかをとりきめ、その決定を遵守《じゅんしゅ》するというにとどまらないものをもった集団であった。というのは民主主義社会にあっても、多数の意見によってことが決められたならば、たとえ反対意見のものがあろうともその決定に責任をもち、したがわなければならない、というのがルールである。つまり議決をへて表明された多数の意思は、そのまま全体の意思である、という了解がある。しかしそれだけではけっしてここでいう「一味」にはならない。そのような決定をしたり、決定にしたがうにあたっては、さらにそのさきの一定の手続きなり作法なりが必要であった。そうした手続き・作法の中核をなすものこそが起請文であったといえる(勝俣鎮夫『一揆』一九八二年)。

たとえば永仁六年（一二九八）のこと、近江国奥島・津田両荘の荘民一同は「両社（大島・奥津島神社）神官村人等一味同心事」と題する一通の起請文をしたためた。両荘は共同で一つの宮座を形成していたのだが、となりの荘のものが供物とする魚の江入（えり＝竹簀《たけす》をたてて魚をとらえる装置）をこわしたために紛争がおこったのである。そしてここには「もしこのきまりをやぶり、あるいは裏切り、あるいは衆議を乱すものは、両荘ともに荘園から追い出し、刑罰をあたえるものである。そして日本国中の大小神祇、ことには当社大明神の神罰をこうむるであろう」と記されている。この半世紀ほどあとにもおなじような紛争がおこり、このときには神木をふり、神輿《みこし》をかつぎだすさわぎにまでなったという。隣荘との争いは、たんに江入をこわしたこわさないの相論にとどまらずもっと根の深いものがあったにちがいないにしても、宮座とは共同体の名誉と存立をかけなければならないほどの重みをもっていたことだけはまちがいない。

その起請文を書くにあたっても、さらに決まった方法のあったことが最近明らかになってきた。その典型的な方法は、一同で神水《しんすい》を飲みかわすことである。人びとは一味する場においてさまざまな誓約と罰文を記した起請文を作成し、それを焼く。そして残った灰を清い水にうかべて、皆で飲み交わすのである。ここで一味する場とは、多くは村の寺院・

仏堂・神社など公共の、しかも神仏がいます場所である。起請文を焼くのは、起請文の内容と一同の意思とを神仏にとどけるためにほかならない。また灰を飲むのは、一味が成立したあかしとしてである。そのほかにも誓約の場が成り立つための道具立てはいくつもある。そこには鐘の音や誓言の声が重々しく流れ、煙がたちのぼり、香ばしいかおりが充満している。つまり神がまさしくその場にのぞんでおり、まちがいなく神の意思と人の意思とが通じあったことを、聴覚・視覚のみならず嗅覚や味覚までも動員して確かめようとする、そんな雰囲気のなかで人びとは起請文を作成し、一味という強固な結束を確認しあったのである。それはまさに神事というにふさわしかっただろうと、千々和到氏はいう（「誓約の場の再発見」『日本歴史』一九八三年七月号）。中世の人びとの生活の根幹をなしていた「一味」という社会関係は、神仏とはけっして無関係にはつくりだしえなかったのである。

## 宮座と祭り

前項では宮座を生みだした歴史的母胎である、中世の村落における社会関係の概略を述べてきた。それが本節の本来の課題である宮座とどのようにつながってくるのかを説明するまえに、宮座とよばれる祭りの具体例をあげておいたほうが話がわかりやすくなるだろう。ただし中世の村における宮座の史料からはおおよそのことはうかがえても、ディテールまではとうていみえてくるはずもないので、ここでは昭和初期の調査からの例をみていくことにする（これは井上頼寿氏の『京都古習志』〔一九四三年〕によるものである）。

## 座の構成

京都府南部、奈良県と境を接する相楽《そうらく》郡加茂町銭司《ぜず》の氏神、春日四社明神には、東座と西座という二組の組織があった。この組織＝座のメンバーになれるのは外来者や女の分家を除いたすべての村人（男子）で、どちらの座に属するかは家筋によって決まっていた。村の青年は数え年十七歳になると、二月十一日に両座の当屋《とうや》の座敷でそれぞれ入座式をおこなう。床の間のまえに、一老、二老がすわり、その奥に座員が一列に居ながれる。入座する青年は親につきそわれて座員一同に挨拶をし、盃をもらう儀がある。座入りをすませばその青年は一人前としてあつかわれ、仕事にでてもおとななみの手当てをうけ、また一人前のつきあいもゆるされるのである。ちなみに当時このムラで若衆とは十七歳から二十七歳までの一〇年間であった。

さて各座には首席に五名ずつの年寄（宮年寄ともいう）がいる。そのうち上位二名を一老、二老（あわせて権《ごん》の守《かみ》と称する）とよぶのである。権の守は終身でなくときおり交替制である。両座の年寄をあわせて十人衆といい、欠員ができると順次次席が進級する。また十人衆のみの寄合いが年に四回ある。それを二月座、八月座、霜月座、師走座（仕舞座とも）という。

### 宮守と当屋

さきの十人衆のうち一名が宮守となり、一年間氏神に奉仕する。一日と十五日に参拝し、御供洗米《ごくうせんまい》、塩、水等を献じ、灯明をともし、掃除をするのが役目である。神主ともよばれるが、普段着でよい。もとは両座で交互につとめたが、のちにくじをひくようになった。明治維新までは専業の神職ではなく宮守が神社のことをつかさどり、「宮守には神様が憑《つ》いてござる」といわれたものであるという。年末になると宮守は羽織袴で氏子中をまわると、村人たちは丁寧なあいさつとともに付添のひとの荷桶に家相応の米をいれた。これが宮守の手当てとなったのである。また宮守は大晦日から正月四日の夕方まで宮籠りをする。その期間にも村から灯明代がでた。

いっぽう、当屋になるのは座入りをした順で、一生に一度だけの経験である。もし座入りの年が同じならば親の年齢順による。また当屋をつとめる経済力がなければ村民権を除く定めになっていた。当屋の役目とその引き継ぎの儀礼は別に説明する。

## 神事

氏神の祭りは十月十五日である。祭りの一週間まえになると、宮守、両座の当屋、一老とが桜谷の御伊勢というところに行って垢離《こり》をかき、即日帰村する。以後当屋は厳格な潔斎《けっさい》の生活にはいり、虫も殺すことができなくなる。肥料をあつかうことができず、灰に手をふれてもいけない。食物は婦人にたいてもらうが、その婦人に血の障りがあれば老人にかわってもらう。一人で座敷に起居し、夜は清い荒薦《あらこも》を敷き、そのうえに自分でふとんをのべて臥す。祭りの素襖《すおう》をいれた長持もこの部屋に保管する。また当屋は右の御伊勢から黒石をたくさんひろってきて、一個ごとに呼使状《よびづかいじょう》をそえて座の呼び衆（祭礼当日、座にすわる人びと）や親類近所にとどける。うけた人は石を台所の水壺のなかに入れ、毒虫よけの禁厭《きんえん》とする。石は何個入れてももとの御伊勢へもどってしまうと伝えられ、けっして壺には残らないという。呼使状とは、このたび当屋をつとめることになったゆえ手伝いにこられたいむねの依頼状である。

翌朝から当屋は毎日竹松明《たけたいまつ》をともし、定まった道をとおって木津川におり、顔を洗い、口をすすぎ、水行をする。そして十三日の拵《こしら》え、十四日の御供搗《ごくうづき》をへて、十五日の祭りをむかえる。明治まではこの三日間、村中のものが子どもにいたるまで食事をよばれにきて、当屋以外には煙をあげることがなかったという。

十四日を御言立《おことだて》または宵宮参《よいみやまいり》ともいって、当屋、権の守等が素襖姿で社参をし、獅子を三度半まわす。夕方、当屋に園市《そのいち》（巫女《みこ》）を招き、湯立をおこなわせる。そのとき湯には濁酒を少々いれる。当屋に集まってきた村人たちは濁酒をいただき、芋やこんにゃく等の肴《さかな》でくつろぎながら、さかんに雑言を交わしている。湯立が始まると当屋の入口に注連《しめ》縄《なわ》をはりわたし、婦人を外にだす。注連縄をとりはずすまではいっさい当屋に近づくことができない。この日は「神様が当屋に来やはる」ともいうように、当屋への神下ろしの日でもある。湯立は下りてくる神にささげられるものなのであろう。湯立が終わると当屋の庭で、木津川の水で洗った米で餅をつく。

さて十五日、祭礼当日は早暁に社参をおこなう。行列は、御神酒《おみき》持、御花女臈《おはなじようろう》（各座二名ずつの少女）、一老（片御幣をもつ）、当屋（本御幣をもつ）、二老、御供舁《ごくうかき》（本御供と御飯）、御唐箱（二名がかつぐ）、参列者の順である。このうち祭りのシンボルたる幣《ぬさ》は、境内に自生する篠竹二本を六尺ほどにきって前後をくくり、なかほどに紙をまいてある。うち当屋の本御幣は両横に二垂の紙がさがり、一老のそれは二垂の紙が片側にだけついている。この二名には羽織袴の親類がつきそう。また当屋と年寄は素襖を着用している。

神社には仮屋がしつらえられている。中央に隔てがあり、到着した行列の呼び衆が南北に分かれて着座する。当屋はそれら呼び衆に、胡麻《ごま》をふった塩鯖《しおさば》二尾、ごまめ、こんにゃく、ごぼう、とうろく豆、枝のままの畔豆《あぜまめ》等、古式の肴で酒をすすめる。

こうして始まった祭礼は、幣振り、御湯、能楽、競馬、獅子、踊子、相撲の順序で進行していく。

①「幣振り」　本社の下に宮守が南面して立ち、篠竹の幣を前にささげ、左字の「の」の字の形にふる。これにならってこれまでの当屋が同様にふる。
②「御　湯」　本社石段下で園市がおこなう。
③「能　楽」　仮屋の前に臨時に床几《しょうぎ》風の能舞台を組み、奈良高畑の金春《こんぱる》太夫が演じる。
④「競　馬」　当時すでにすたれており、型だけであった。宮守と当屋が体をのばして「ウワァー」とさけんで拍手をし、一同もこれに和する。
⑤「獅　子」　二人立ちのもので、前日の三度半に対してこの日は七度半まわす。獅子面はおかげ踊のときに、若中がおかげ踊のときに大阪であつらえたものである。
⑥「踊　子」　両座から三名ずつの座員がでて、まず最初にその頭が一名獅子頭をかぶっておどる「のっけ」がある。つぎに、同人が先頭にたって鼓をうち、つぎに円太鼓、つぎにびんざさら（樫の札を一二枚緒でくくったもの）をならし、社の門をまわる。侍

烏帽子に素襖をつけ、白たびのはだしで舞う。踊子は十七歳から三名ずつ順にあたる。踊子になると村中の子どもにまんじゅうを配る。

⑦「相　撲」　いままでの当屋が素襖すがたで木製の長い鉾《ほこ》をもち、石段下に立つ。これを親方と称する。鉾のさきにはイッサンゴーという簡単な幣がついている。いっぽう来年の当をうけるものが一名ずつ、裸体で腹にさらしをまき、太刀をかついで東西からでてくる。親方が扇子をひらいてまえにおくと、その上へ太刀を横たえてしりぞく。そのあと七回半相撲をとる。相撲は形式だけのもので、両手先をたがいにくみあわせ、上下にふりあう。そのあとイッサンゴーをいただいて左耳にかける。

なおこの神事で献饌《けんせん》はすべて年寄固有の役目である。

**神上げ**　神社での儀式が終わると、宮守は太鼓を合図に白い素襖を着、金剛《こんごう》浄履《じょうり》をはいて両座の当屋をたずねる。このときは門口からははいらず、座敷さきのおもてからのぼり、酒宴をうける。家の入口には蒸しものをする竈がおいてあり、宮守はそのまえで御幣と笹で湯立をおこなう。竈のまえには三三九度の盃（土器）をならべ、白木膳に白米一升とたなご五枚とをそなえる。湯立は前日の神をむかえるためのそれに対して、「当屋にいやはる神様の神上げ」のためのものであるとされる。お湯がすむと宮守は拍手をし酒を土器にそそぐ。そそぐやいなや脇によせておいて浄履をはき、あわてて戸外にとびだす。当屋は時をうつさず、「神様が往《ゆき》なはる」とさけんで宮守の白素襖に背後から鍋墨《なべずみ》をぶっかける。宮守はそのまま社へかけもどって太鼓をうち、当屋の土器をおさめ、神納めの式を執行する。これで当屋の役はすべて終わったことになる。

## 当渡し

座には「御筥」といって帳面箱が二つ保管されている。一つは当屋が、もう一つは二老が保管することになっている。筥《はこ》には注連縄をかけ、一老でないとあけられない掟《おきて》である。火の障りがあれば当屋は即刻御筥を一老にあずけ、すめばもどす定めになっている。祭礼の直前に障りがあると御筥の修祓《しゅうふつ》をおこなう。

両座とも神上げが終わると旧当屋から新当屋への御筥のうけわたしの式がおこなわれる。これを当渡《とうわた》しという。旧当屋の家に新旧の当屋や一老などが集まり、旧当屋が御筥をうやうやしく一老にわたすと、口におおいをした一老はそれを新当屋にわたす。一老は、めでたくうけわたしが終わったから、来年までよろしく頼むむねを申しわたす。式には高砂の謡をうたう。宴の献立は、平《ひら》（さわら、いも、ごぼう、菜、しいたけ）、なます（大根、のちキウリを代用）、猪口《ちょく》（豆）、吸い物（蒲鉾《かまぼこ》、しめじ）、硯蓋《すずりぶた》（しいたけ、高野豆腐、果物）、さわら寿司、箱寿司、鯖寿司などである。

役をすますと、これまでの当屋は、湯立の笹と金剛浄履とを廂《ひさし》屋根の裏にさしておく風習があった。

以上はおおむね明治初年までの座の儀式の大要であるという。当地方には宮座の風習がきわめて濃密に分布しており、土地によってその内容はそれぞれに異なるうえに、他の地方の宮座はまた異なった祭礼をおこなっている。また時代によっても変化がはなはだしいので、ここに紹介した行事をもって宮座の代表例とすることはもちろんできないが、一つの典型的なすがたと考えてもらいたい。

なお重要な問題を補足しなければならない。それは神主のことである。

いまの事例で宮守はあたかも神主のように行動し、ときには神がそこによりついている依《よ》り代《しろ》のようにもみなされていた。また当屋は当屋できびしい精進潔斎をつとめなければならない。というより、この精進はたんに神に不敬がないようにという儀礼をこえて、みずからが神主役となって神をむかえようとする行動のようにさえみえる。実際当屋の家は神をむかえる場でもあった。最後の場面でも、神は当屋の家から神社にもどっていき、そこでようやく祭りが終了する。だからこの祭りで神と人とのあいだを媒介するのはいわゆる専業の神主だけにまかされてはいない、というよりはむしろ宮守や当屋の役割こそが重要であるし、神のおりてくるのも、神社でも常設の御旅所でもない臨時の宿であった。

いっぽう、前項の末で紹介した近江国奥島・津島両荘で組織する宮座に関しても、奥島荘の規約のなかに神主とならんで「村人神主」という表現がでてくる。神主が専業の神職だとすれば、村人神主とはなんだろうか。肥後和男氏の太平洋戦争前の調査（肥後和男『近江に於ける宮座の研究』一九三八年）によると、ここには二つの座があって、以前は左右両座から一名ずつ社守がでて、三年にして交替し、日常は境内の清掃その他の雑務にあたっていたという。村人神主というのはこの社守に相当するのかもしれない。つまり神主とは今日のわたしたちが知っているような専業の神職ばかりでなく、村人みずからが神主をつとめていたことがわかる。俗人が祭りのもっとも神聖な部分にまで主導権をもつこうした例は、この地域でじつはけっしてめずらしくないどころか、むしろふつうのありかたでさえあったのである。

## 宮座とはなにか

ところでここまで、いったい宮座とは何かというかんじんの問題にふれることなく話を進めてきてしまった。宮座とは通常の地域の神々、とりわけムラの鎮守・氏神などとよばれる神々に対する信仰とどのようにちがうのか。そして宮座に着目することによって何がわかってくるのだろうか。

## 宮の祭り

こういってみたところで、宮座もまた基本的には地域の神をまつる一つのすがたにはちがいない。そのかぎりではムラの鎮守のための祭り、そして組織と同様の性格をもっている。たとえばその神をまつるのは、その地域にすむ住民に限られ、たとえどれだけ有名で霊験あらたかであろうとも、それ以外の人びとがその崇敬者として加入することはありえない。というよりも神の性格自体がそうした現実を前提に形成されていくので、地域社会をこえた普遍性をもつ方向に進んではいかない。このことは神事や祭礼が外部の人間に公開されないのがふつうだということでもある。もっとも最近では外部の第三者が、名の知られた祭りの場にあらわれるケースもめずらしくなってきてはいる。しかしその場合でも、かれらはあくまで見物人としてであって、祭りの積極的な担い手としてではない。これも当然のことである。さらに宮座の「宮」とはその地域社会にただ一つの宮を意味している。地域にはさまざまな神をまつる神社＝宮があるのがふつうだが、通常それらはけっして宮座の「宮」ではない。ここでいう宮とは地域社会に唯一の宮、いわばその地域社会全体をつつみこむシンボルとしての神社（寺の場合もなかにはある）にほかならないのである。そうした意味において宮座を論じることは、地域社会のありかたを論じることにもなる。

### 一座するということ

しかしまだ宮座というものの特質にまで話がおよんでいない。前項の事例をもとにしてそのあたりを考えてみよう。

宮座の最大の特色は宮座という一般的な名称が示すように、その鎮守の構成員が祭りにあたって一座するというところにある。ただ祭りにあたって氏子が全員一堂に会する、というだけならむしろふつうのことであろう。しかし宮座において、その座は一定の秩序や規則のもとに座席が定められ、ときにはその集団や組織自体が「座」という名でよばれるのである。宮座を定義するさいの一つの有力な指標は、まさにこの一座するという特徴にもとめられる。かつて肥後和男氏は宮座の定義として、「座」という祭りをいとなむための神事組合であるとしたことがある（『宮座の研究』一九四一年）。

いっぽう祭りにあたってもすべての氏子が一堂に会することのない祭りも、じつはめずらしくない。また氏子総代やムラの役員だけがひっそりと参加する、というのとは異なって、相応の規模での祭りがいとなまれながらも当屋（当番）のみが祭りのほとんどすべてを担ってしまい、ほかの氏子は祭りの当日にいわば見物人としてただ参詣するだけというような例も少なくないのである。あるいは神前で一座するよりも、もっと華やかな行列や芸能に重点がおかれる祭りもある。それではなぜ氏子は、神をむかえて一座するのであろうか。あるいは一座することは祭りにとって何を意味するのであろうか。

ここである結論をさきどりしてしまうならば、一座するということは、いうまでもないことながら、その社会の連帯意識の表明であり、確認であり、また創出でもある。地域の神が外部のものを排除するということと、祭りをとおしてその社会に属するものが連帯感をふかめるということとは、表裏の関係にあるといってよいが、そうした感情のもっとも典型的なあらわれが一座という祭りの場であるといってよい。しかし村落社会の連帯意識は、けっして人びとをゆったりとつつみこむような暖かさだけをもって存在してきたわけではない。それは前項でも述べたように、ある状況のもとではむしろ生存のためのぎりぎりの選択ですらあっただろう。だからこそ村人全員が一堂に会し、一定の舞台設定のもとで一定の役割を演じることは必要不可欠な行為であった。

ところでさきの起請文にもいずれ関連するのだが、笠松宏至氏は、ある種の訴陳状（訴状）が日付をもたないことの意味を論じたことがある（「『日付のない訴陳状』考」『日本中世法史論』一九七九年）。その検討の過程は省略して、笠松氏のたどりついた結論というのはなはだ興味深い。氏は、日付をもたない訴陳状はたしかにめずらしいものではあるが、さらにさかのぼれば天皇の詔や律令制下における解文《げぶみ》のように日付をもたない文書群が存在していたこと、そして両者に共通する特質をもとめるならば、「その内容が口頭即ち音声によって相手に伝えられること」にあると指摘した。氏はつづいてこういう。「たとえそれが文字にうつされることがあっても、その文字はたんに音声の代用にすぎず、音声の消滅とともに、文字もまたその本来の存在意義を失う。声が発せられている時限においてのみ意味をもち、口を閉ざすと同時に消滅する音声に、日付を付することは無意味かつ不可能である」と。訴陳状の場合もおなじで、どのような形式の訴えであろうとも、その手続きの主体はあくまでことばであり音声であったにちがいない。だからこの音声にかわる手段として訴陳「状」がつくられるようになっても依然として日付を必要としない。

笠松氏のこの考えは、起請文とか宮座とかいう行為を成り立たせている場にまで敷衍《ふえん》できそうである。ある行為をなすということは、その時、その場に生身の人間がたちあってこそ可能であるのだし、またそうでなければ意味がない、神に対しても訴えかける力をもつはずがない……。もし人びとが切実にそう考えるような精神文化のなかで生きているとするならば、祭りとはなによりも人びとが顔をつきあわせ、「一座」するところでこそはじめて成り立つものであるだろう。当事者たちにとって祭りとは、たんに神をむかえるためのつめたい儀礼のプログラム——もしそうならばしかるべき役職のものにまかせておいたほうがまちがいないかもしれない——などではけっしてなかった。なによりもそこに人間のなまなましい血がかよっていなければならないのである。

## 当屋の役割と性格

いっぽう、一座するという必須条件と一見矛盾するようであるが、

宮座はまた当屋（当家、頭屋・家、党屋・家とも書くが、ここではこの書き方で統一しておく）によって祭りを運営するシステムであるといっても過言ではない。当屋とは簡単にいってしまえば祭りの当番であるが、それだけにとどまらない性格を示してもいる。ただしなかには当屋制をとらない宮座もあるし、反対に当屋制にしたがいながら一座することのない祭りもなかにはあって、宮座制と当屋制とは厳密にはおなじものでない。しかし多くの場合、宮座は当屋をつとめる資格をもつものの組織なのである。

一般に中世の村々において宮座に所属し、あるいは宮座が成立する以前から、宮の祭りにあたって当屋の指名をうけることができるのは、名主たち、つまりみずから農地を保有し同時に何人かの下人を指揮するような上層の農民たちであった。いっぽう、その土地（荘園）の領主たちにとってもっとも切実な問題は、年貢が毎年順当に納入されること、

そしてそれ以前に毎年の実りがゆたかであることにあっただろう。したがって春先の農事はじめの際には勧農ということをおこなった。

勧農とは文字が示すように勤労をすすめるという精神的なものにとどまらず、その年に耕作可能な田と農民の数をとりしらべて収穫高と年貢高を予測する、用水路などを整備する、農民に種子を貸し与える、等々のきわめて実務的な作業をも含んでいる（山本隆志「中世農民の生活の世界」『一揆4　生活・文化・思想』一九八一年）。それとともに神仏に対する豊作祈願も重要な勧農行為の一つであった。鎌倉時代から戦国時代にいたるまで、在地では正月のはじめに吉書《きっしょ》開きという儀式がさかんにおこなわれていた。これは領主がおこなうべきこと、農民が守るべきことをしたためた儀礼的な文書であるが、そこにあげられたのは、春の勧農、秋の年貢納入にさきだって第一条には、なによりも神仏をあつく信仰し、祭りをとどこおりなくつとめなければならないと明記するのが一般的な形式であった。神仏の祭りは領主・農民の双方にとっての義務であり、同時に権利でもあった。

そこで領主側は、名主とよばれる有力農民に祭りの費用を負担させようとした。それも一律に費用をわりあてるのでなく、順次指名される当屋を中心に祭りを執行した。名主の規模にばらつきがあるときには、適宜グループを編制して、グループごとにあたらせた。

その費用の内訳は神にそなえる酒・米・餅から神職や巫女、ときには奉納する芸能の猿楽や田楽衆に対する謝礼などにいたるまでさまざまで、かなりの量に達する。とりわけ中心になる当屋の負担は少なくなかっただろう。だからこの神事役負担はしばしば農民と領主のあいだの紛争事項にもなったが、反面、大きな栄誉でもあったにちがいない。反対に当役の負担にたえられなくなると座をはずされてしまう。当役はいわば一人前の農民であることのあかしでもあった。こうしてはじめは領主側の主導でおこなわれていた当の祭りも、全般的に農村の力が増すにしたがってしだいに農民が主導するものに変わっていく。おおむねそれは室町期から戦国時代と考えてよい。宮座の成立は農村の発展や農民自身の成長と密接にむすびついてきた。ちなみに宮座の中心にあり、したがって村落運営の中核ともなるいわば幹部層はしばしば乙名《おとな》とよばれた。いま成人男子をオトナとよぶことの語源であるのはいうまでもない。

それゆえ現在でも宮座のメンバーたる資格は、ムラ人としてのある権利と一体になっていることが多い。さきの銭司《ぜず》の宮座には、当屋をつとめる経済力がなければ村民権を除くという規定があったことに注目しよう。逆にいえば、そのムラに住んでいるからといって無条件に鎮守の祭りに参加できるわけではない。数が限られている村株の保有者である、地域の財産の共有権者である、そしてなによりも古くからの村人の家筋である、新しい分家ではない、などなどその社会によってかたちはさまざまだが、かなり厳しい歴史的な条件を満足しなければならないのが普通である。それに加えて、相当に経費を要することがめずらしくない当屋のつとめをやりおおせるためには、その時々で変化するであろう経済的な条件をも満たしていなければならない。しかしこうした経済条件はたんに祭りをみすぼらしくしないため、というような理由ばかりでなく、これも歴史的にみれば、村という社会自体がその地域に住んでいる人のすべてではなく、一定の力や条件を満たす人びとの集合にほかならなかったという事実を反映しているのである。もちろんなかにはそうした要件を原則としてもたない、すべての村人に開放された宮座もある。しかしその場合にも時代の進展とともに複数の座が一つの神社に対して成立し、結果的にすべての人が宮座に参加するという例も少なくないのである。

## 座　順

一般にどこの宮座でも、伝えられている文書のなかでもっとも大事で、しかも量が多いのは当渡しに関するものである。そして旧当屋から新当屋に当を引き継ぐ儀礼は、さきの一座する儀礼に勝るとも劣らないほど神聖で重要である。それだけに当がどのような順序でわりあてられるかは、誰がどの場所にすわるかという座順とともに座員の最大関心事の一つであった。だから当の順番をめぐってもしばしば座のなかで相論がおきた。この当の順番は一面で座の順番や秩序と密接につながってくるので、宮座における座順についてみておくことにしよう。

宮座はふつう、ただ一座すればよいというものではない。そこには座席につくための一定のきまりがある。大きくそれを分けると、家の伝統的な格式つまり家格によるものと、さきの銭司のように年齢によるものとの二とおりがある。家格によるものは通常その座も変化しないことになるが、年齢によるものは毎年座の順位があがっていくことになる。そうして何年かたったところで当役がまわってくるのだが、その選定のやりかたは村によりさまざまに異なる。ただことわっておかなければならないのは、後者の方法で年齢順というのは厳密でない。正確には座にはいってからの年次、つまりかつての寺院社会での順位原理でもあった臈次《ろうじ》が座のなかでの順位を決定するのである。そのためいったん外にでていてあとから村にもどってきたものは同年齢のものよりも低い座順になるし、婿養子としてはいってきたものも昇進が遅れることが多い。そして大まかな傾向としては、近畿地方の宮座には後者が多く、その他の地方には前者の類型が一般的だといわれている。またその中間といってもよいのか、座に加入する資格は地域の特定の家に限られても、そのなかでは年齢＝臈次にしたがって座席が定められるという方式も各地にある。
福田アジオ氏はこの宮座の類型を、村落そのものの構造とむすびつけて考えようとする（「『番』と『衆』——地域社会と個人——」『現代日本文化における伝統と変容』一九八七年）。すなわち関東・東海地方の村落は屋敷＝家を強調する社会であり、村落は家を単位に構成され、当番・月番・年番など「番」によって運営される。それに対して近畿・北陸地方では村落そのものが強調され、家と同時に個人を構成員として組織し、そして長老衆・十人衆・若い衆など個人の集合が運営をおこなう社会が卓越するという。このような観点からも宮座は村落社会の反映なのである。

再々強調しておいたように、宮座という祭りの方式自体は日本の伝統的な村落祭祀のなかで、とりわけ特異なものでも孤立したすがたでもない。一座するところに特徴があるといっても、氏子たちが鎮守の宮の拝殿に集まって神主さんにお祓いをしてもらい、御神酒をいただくという、今日ごくありふれたかたちまでも含めてしまうならば、ほとんどの祭りは宮座に含まれてしまうにちがいない。また祭り執行のための当番組織ならば、これもまた類似のものはいくらも数え上げられる。だからいったい何が宮座なのかということを考え始めると、その境目はきわめてあいまいだとしかいいようがない。しかし中世以降しだいに農民が社会的な力を身につけ、農村が発達してくる。その過程では村落鎮守もたいへんに大きな役割を担ってきた。宮座はそうした村落のすがたをもっとも典型的に、かついきいきとした姿でうつしだしてくれる歴史の、あるいは社会の鏡だといってさしつかえないであろう。

# 中世芸能と座

## 宮座と芸能

今日の芸能の世界で「座」といえば「歌舞伎座」とか「明治座」のように演劇がおこなわれる劇場をさすか、そうでなければ「俳優座」「文学座」などのように劇団そのものをさすかのどちらかであろう。「座」のつく劇場で演じられる演劇がしばしば歌舞伎とか新派のような、今日からみれば比較的古典的なスタイルであるのに対し、劇団としての「座」のほうはもう少し新しい方向をめざすところから生まれてきた演劇であることが多いように思えるのは、興味深い対照である。最近でもいわゆる新劇の流れをくむようなアマチュア劇団などはどうかするとやはり「座」とよばれることを好むのではないだろうか。

現代の劇場と劇団における「座」のイメージのずれの問題はさておき、演劇に「座」はつきものであった。劇団名称としての「座」を歴史的にさかのぼっていけば、いうまでもなく室町期猿楽《さるがく》の大和《やまと》四座とか近江《おうみ》三座などよく知られた諸劇団の存在にいきあたる。ではさらにさかのぼって、なぜこれらの芸能集団を「座」ということばでよんだのであろうか。林屋辰三郎氏はまず芝居ということばの原義を求めて、「村人が寒気や雨天を厭うて屋内に入る以前においては、こうした青空のもと浩然たる芝上こそ、最も適わしい座の場所ではなかったろうか」と、芝の上に座を占めるところからきていると推測する。しかしただそこにとどまることなく、そのように芝の上に占められた座のさらに源を、後述する宮座に求めようとした（林屋辰三郎『「座」の環境』一九八六年）。このように「座」ということばのもつ意味内容は、歴史のなかではきわめて複雑な変遷をへて今日にいたったのである。

日本の歴史のなかで「座」ということばがあらわれるのは、この芸能の座のほかにはおもに商業・職業の座と、もう一つは祭祀《さいし》組織の座、すなわち宮座《みやざ》の二つであろう。そしてこれら三つの座はたがいに深い関連があった。なかでももっとも早くから使われたのは、最後の宮座である。そこで宮座と芸能の関わりから話を始めることにしたい。

宮座の起源は平安時代にまでさかのぼるといわれるが、村々にごくふつうにみられるようになったのは中世以降のことである。研究史をひもとけば、宮座とは何かという問題について、座とよばれる神事をめぐる一種の神事組合であるとする見方と、特定の家筋にのみ氏子《うじこ》としての資格が限定されるというその特権性に着目する立場とがあい拮抗《きっこう》し、いささか手詰まりの状況におちいっている面がないではないが、そうした概念上の混乱におちいるもっとも大きな要因の一つが、宮座そのものの長い歴史性にあるのはまちがいない。今日ふつうにみられる宮座とは、村落神社に関する比較的小規模なものが大部分であるといってよいが、それもおおむねは惣村《そうそん》の発達を背景とする中世末期以降の姿であった。しばしば指摘される、〝座〟という名称にこめられた氏子たちが神前に一座することの意義にしても、やはり村落としての一体性を前提にしなければ解ききれない問題であろうと考えられるのである。そうした状況からさらにさかのぼってみれば、神社の祭礼とは、祭りをとおした氏子（このことばにもいろいろな歴史的な経緯があるのだが、神社の祭祀に関わるメンバーという意味で、とりあえずは今日ふつうの用法にしたがっておきたい）たちの連帯感の創出や表現もさることながら、農民たちを支配するものと支配されるものという、すぐれて政治的・社会的な文脈のなかでのいとなみとして考えてみなければならない。すなわち宮座の社会的意義を、さまざまな役の差上もしくは分担のための組織としてとらえてみることも必要になるかと思われるのである。この場合、役の分担とは通常氏子たちにとっては村人とか氏子であるための権利であるとともに、義務という側面も色濃くもつことになる。そしてとりわけ芸能史的には、この分担することの権利と義務ということがきわめて大きな意義をもってきたといえる。

さて、宮座に所属する氏子たちは、祭りをとどこおりなくとりおこなうため、さまざまな集団＝座を結成した。たとえば山城《やましろ》国相楽《そうらく》郡棚倉村の和伎坐天之夫岐売《わきにいますあめのふきめ》神社の文明四年（一四七二）の祭礼定書《さだめがき》によれば、この神社の氏子たちが荘村の座、岡村の座、獅子の座、面之座、御幣大座、榊木之大座、歩射座と分かれて、それぞれ祭りの一部分を担当したという。これら十五世紀なかばにみられる座の組織はその後多くの変転があり、いつのころか名称が消えてしまったものもあり、なにより祭礼の内容自体が大幅に変わってしまったであろうが、複数の座が神に奉仕し、祭りをいとなむありさまは近代にまで引き継がれてきたのであった。かつてみられた座のうち、御幣大座や榊木之大座は祭礼に必要な物資の調達にあたったのであろう。いっぽうたとえば獅子の座、面之座などはその名称からみて、おそらくはなんらかの芸能を奉納することを所役《しょやく》とする集団であったと思われる。

近畿地方の宮座の史料にはしばしば細男《せいのお》（声翁）座、田楽座《でんがくざ》、王之座《おうのざ》などの名称がみられたり、ときとして実体が失われてしまって座の名称だけがわずかに今日に伝わっていることがある。また「座」のかわりに「村」とよばれることもあり、こうした役の分担が一面で村に課せられた一種の租税にほかならなかったケースも推測される。

かくして芸能とは祭りに欠かせないものであった。芸能のすべてが祭りのなかから生まれてきたわけではないにせよ、祭りに来臨する神の所作《しょさ》を人間の身体によってとして表現し、またさまざまな芸能によって神の目をなぐさめるため、村人たちが素人なりに研鑽をつみ、真剣に演じることに意をそそいできたのはまちがいない。しかしそうした神事の場の芸能に対するうけとりかたにも、大きな時代の変化がおよんでくることは、芸能という身体の所作にとって不可避であっただろう。風流ということばとともに祭りがさまざまな意匠をこらし、人間たちの目をたのしませる方向に流れていったように、芸能に対してもより高度な熟練と表現力が求められるようになる。その結果、どこの神社でもおおむねは氏子が直接に芸能を演じるというより、費用の負担だけを分担し、実際の奉納にあたっては専門の劇団を雇いいれるという方法に変わってきた。今日もなお神事にあたって村人たちが種々の芸能を演じる民俗芸能の風をわずかな例外として、大勢としては観賞する側へと立場をうつすことになったのである。

それは室町時代以降、各地におこった田楽や猿楽の芸団の存在によってはじめて可能であったろうが、いっぽうで観客の側の熟達した芸能への要求がまたそうした芸団の飛躍的な発達をうながすことにもなった。井上頼寿氏は京都周辺の村々の宮座の祭りで、かつて奈良の金春太夫が演能をおこなったことを多数確認している（『京都古習志』一九三三年）。これもまたそうした中世以来のなごりと考えられるであろう。

以上、宮座の祭りと芸能・芸団との関わりを概観してきたのであるが、ではなぜこのような芸団が「座」とよばれるようになったのであろうか。林屋辰三郎氏はその理由として二つの事情をあげている（林屋前掲書）。一つは右に述べたような宮座と芸能とのあいだの歴史的な経緯である。地方村落の神社に招請されて演能した専業的芸団に対して、その神社の宮座としての「座」の名称があたえられることは「極めて自然な成行き」であったろうとする。しかし林屋氏自身がこの考えに若干の保留をつけているように、芸団自体はその宮座の成員としての地位を獲得したわけではないのだから、この説はすぐにはうけいれがたい。それに対して林屋氏は第二の考えかたとして、芸能の座にまつわる特権や独占の権利と関係して、「皇室摂関家等の貴紳による保護か、大社名刹《めいさつ》における楽頭職」の地位こそが直接の要因であったとする。すなわちさきに座に関わってあげた意味のうち、商業・職業の座としての芸団組織の意義をみなければならないであろう。

### 芸能の団体

芸能に関わる「座」の初見は『兵範記《へいはんき》』の仁平《にんぴょう》三年（一一五三）四月十五日の条裏書にあらわれた、「宇治白川等座座法師原」の文言であるといわれる。これは宇治離宮明神の祭りにあたって宇治座・白川座の田楽法師たちが参勤し、装束六十余人分を賜わったという記事である。二つの座のうちの白川については、宇治の白川とする説と京都白河とする二つの説があるが、いまそれは大きな問題ではない。ただそれに二〇年さきだつ長承二年（一一三三）の『中右記《ちゅうゆうき》』の記事には、離宮明神の祭礼を「宇治辺下人」がこれをまつっていたこと、またかれらが「田楽法師原」とよばれていたことが記されている。田楽法師の初見は『長秋記《ちょうしゅうき》』の大治四年（一一二九）五月、鳥羽殿の田植興《たうえのきょう》の記事であるとされるから、このころから職業的な法師形田楽者の集団が所々の祭礼に登場してくることがわかる。そしてその後二〇年ほどのあいだに、田楽法師の社会的地位は一変し、摂関家の御教書《みきょうじょ》によって祭りに参加し、多量の供奉《ぐぶ》料をあてがわれるまでになっていたと推測される。かれらの集団が座という名でよばれるように変わっていることと無関係ではないであろう。また楽頭《がくとう》とは祭礼にあたって田楽の執行にいっさいの責任をもつ役職のことであるが、奈良の春日若宮祭りでは二つの田楽法師の座をひきいるものとして、毎年興福寺の僧二人がそれにあてられる風が長くつづいたのである。もちろん楽頭職の所在は支配者と芸団との力関係に左右されるから、芸団が力をもてばそちらにうつされる性格のものであった。

十二世紀のなかごろからさかんになった祭礼の田楽は、さまざまな芸態をとりこみながら長く神事芸能の主役をつとめるが、室町期にはようやくその地位を猿楽にゆずるようになり、さきにあげたような大和猿楽や近江猿楽などの座が輩出され、中世における芸能表現として、かつてないほどのたかみに達したのはよく知られたとおりである。

ただ今日のわたしたちは、たとえば世阿弥《ぜあみ》の作品や『風姿花伝《ふうしかでん》』のような演劇書の高度な芸術性に目をうばわれて、どうかするとかれもまた時代の子にほかならなかったことを忘れてしまいがちである。世阿弥の活躍は、いっぽうで足利義満の保護を一身にうけながら、他方で貴族の目には「大樹（注―義満のこと）之を寵愛し、席を同じうし器を伝う。此《かく》如《のごと》き散楽は乞食《こじき》の所業なり。而《しか》るに賞翫《しょうがん》近仕《きんじ》するの条、世以《もっ》て之《これ》に傾奇の由《よし》」（『後愚《ごぐ》昧記《まいき》』永和四年〔一三七八〕六月七日の条）と、まことににがにがしいものにうつってしまうという現実があったことをみおとしてはならない。さきの宮座の構成に目を転じれば、芸能や御輿《みこし》の供奉に奉仕する座は、他の由緒をほこる一族座などにくらべてけっして高い位置にあったとはいいきれない側面をもっていたのである。

そうした実情のなかで芸能など特殊な職能にたずさわる人びとの集団は、むしろ荘園や在地領主たちの支配下にはいることによって、かれらの地位を確立しようとしたのは、必然的ななりゆきであったといってよい。さきに林屋氏が指摘した楽頭職という地位はそうした意志の表現でもあった。

こうして芸能にたずさわる民は、惣村の宮座などとは別に、かれら独自の結束と自治を求めるようになる。世阿弥の芸談を記録した『申楽談義《さるがくだんぎ》』からは、当時の猿楽者のおかれた状況をよく知ることができる。

まずかれらにとってなにより重視すべきは神事へのつとめであった。たとえばつぎのような一文がある。

上下（旅行）とて、神事をそばになして（おろそかにして）、あるひは遅く上り、あるひは春日の御神事に外る。かかる故に、いよいよ生死悪し。たとえ一旦よくとも、始終罰を当るべし。神事を本にして、その間の身上助からんための、上下なり。また神事の願の翁など、聊爾《りょうじ》にする。そと舞いて百文づつ取る。願少なければ、つらくさ

（渋い顔？）などする。かかるせばいかがすべき。かやうの心中持ちたらん人は、始終のあるまじき也。来らん世には悪所におもむくべし。

神事をおろそかにすれば罰があたるとか、死後悪所（地獄）におちるであろうといってはみても、大社名刹での演能こそが生活の糧であったかれらにしてみれば、それがたんなる職業上のモラルにとどまるものでないのは明らかであろう。貴人の前でのこころがけにしても、あたかも神事奉仕のおりのような心持をもとにしてその意をむかえるべきこと、しかもその心が外にあらわれていなければなんにもならない、といったくだりなども別にあって、かれらの生存上の切実な関心が奈辺《なへん》にあったかが如実に語られたりもするのである。

またそれとは別に、『中楽談義』の末尾には結崎座《ゆうざきざ》（観世《かんぜ》座）の「定」書がかかげられているのも興味深い。全体は一〇ヵ条からなっていて、もっぱら座のなかでの席次と、それに対応する得分の次第がここには記される。

一、得分の事。三、長殿。二、端居。三座、一分半。また一を三に分けて、四座より六位まで、分けて取るべし。又、中座の一﨟は、二分、中座の端居は、三ひとつ取らせ給うべし。この外、四講も禄も、座振に分くべし。

このほかにも多武峰《とうのみね》の法華八講や春日若宮御祭りのさいの収入の取り分がこまごまと記され、さらには入座銭についての規定もあった。

また親が欠勤したときは子が参勤したとしても配当はないこと、子が十歳になればその取り分は親ではなく子ども自身に与えられること、とするくだりもあり、座のなかでの親と子の関係の一端をうかがうことができる。『風姿花伝』に記される有名な修業のカリキュラムについても、こうした面から読みなおすことができるかもしれない。いっぽうこの定には「好色、博奕《ばくち》、大酒、鶯飼う事」についての禁制も記されていて、いわば村々における地下法度《じげはっと》といったおもむきをもっていたといえる。すなわち座とは今日の同業者団体などよりもはるかに大きな存在で、座衆にとって社会そのもの、生活そのものであったことが推察できよう。

ところでその『風姿花伝』には、「神儀云」という奇妙な内容の巻（第四巻）が含まれていることは、一般にあまり関心をもたれていない。内容をかいつまんで紹介するとつぎのようなものである。

あるとき大和の国泊瀬《はっせ》の川の上流から壺にいれられた赤ん坊が流れつき、天皇の夢に自分は秦始皇帝の生まれ変わりであるとつげた、これが秦河勝《はたのかわかつ》である。のち天下がみだれたころ、聖徳太子は六十六の面をつくって河勝にあたえ、六十六番の物まねを演じるよう命じた。そこで河勝が宮中でこれを演じたところ国はようやく静かになった。そこで太子はこの芸を「申楽」と名づけた。また太子が物部守屋と戦ったときにも守屋はかの秦河勝の神通力によってほろぼされたという。河勝はその後、うつぼ舟にのって播磨国坂越の浦に流れつき、そこで大荒大明神としてまつられるようになった。

この伝説は世阿弥の弟子であり娘婿であり、金春座の太夫でもあった金春禅竹《こんぱるぜんちく》の『明宿集《めいしゅくしゅう》』にもとりいれられており、さらに河勝から猿楽を伝えられたのがかれら猿楽の徒であり、そのほか四天王寺の伶人《れいじん》に楽の道が、また大和の長谷党には武が伝えられたとしている。芸能の家の伝承に、武と芸の奇妙な融合性がみてとれるのである。

猿楽の伝承の意味するものにあまりふみこむ余地はないが、芸能者の集団がたんに経済的社会的な必要性にせまられて結成されたものだけでないのは、このような今日からみれば荒唐無稽としかいいようのない伝説をアイデンティティの核としていた、またせざるをえなかったことからもうかがえよう。そしてこのような伝承はもちろん猿楽にのみ特有の現象ではなかった。よく知られているものに盲僧や説教師の団体とその伝承がある。当道座によった琵琶盲僧はその祖神を天夜尊《あめよのみこと》とあおぎ、もとをたどれば仁明《にんみょう》天皇の皇子、人康親王であったとする。また説教師たちは蟬丸《せみまる》を祖とあおぎ、山城と近江の境、逢坂《おうさか》の関に蟬丸明神としてこれをまつった。いずれもかれらがなぜ芸能者の先祖となったかということについて不思議な縁起を語る。どちらの縁起も今日に伝わるのは近世の書写になるものであるが、その内容は往時の芸能者のすがたを浮き彫りにする根本史料といってよいであろう。さらに言をつげば、こうした固有の縁起を核にする社会集団の成立と発展こそに、中世における職能というものの一般がおかれていた基盤があったといって過言ではないのである。

## 勧農と芸能

最後に、神事や芸能というものを必要とする社会的要請といったことについても、少しふれておきたい。中世の公家や武家にしろ大寺社にしろ、一定の土地を領し、そこからの生産物を生存の基礎とするものにとって、領地の経営は切実な課題であった。現実世界での経営のありかたのいかんがそれを左右するのはいうまでもないが、さまざまな儀礼もまたきわめて重要な意義をもっていた。そうした支配者の意志を象徴的にあらわすものとして、吉書《きっしょ》という文書があった。文字どおりめでたい意味をもつ文書のことであり、年の始め・改元・代始めなどのおりには吉書が作成され、披露された。また村々の領民の前でそれが読みあげられることもあった。

吉書にはさまざまな内容があったことが知られているが、その一つに今日三ヵ条吉書とよばれるものがある。内容はおおむね共通していて、神仏事と勧農、そして貢納に関することである。ここで神仏事とは神仏の祭祀および寺社の建造と修理などであり、勧農とは池溝堤などの修築、また貢納とはとどこおりなく租税がおさめられることである。これらのことは領主にとっても領民にとってもいわば権利であり義務であった。そうした意志をこの吉書によって表明することに意義があったから、年頭の吉書始めはそのまま祭りでもあった。現代の小正月の左義長を吉書焼きとよぶことがあり、また書き初めの文字をもやす風習は、吉書始めのそうした側面につながっている。

したがって吉書に述べられる神仏事というのも、たんに神仏事一般ではない。あくまで農業興隆の一環としてのそれであり、祭りの内容もその意図に即したものが重要であった。その原初的な姿は、各地に伝承されることの少なくない田遊びにみられるから、反対に田遊び行事の内容から中世の村落と農業のありようを復元することもけっして無稽《むけい》のこころみではないであろう（黒田日出男「田遊び論ノート」〔『日本中世開発史の研究』所収、初出一九七〇年〕を参照されたい）。もちろん田遊びは芸能的要素を多分に含みつつも、芸能そのものではないかもしれない。それが芸能となるためには、意匠としての飛躍と身体の技としての修練、そしてそれなりの長い歴史が必要であった。しかしこうした現実社会での必要が、中世芸能諸団体の見事な技の底に流れこんでいくのである。

# 統制と逸脱

祭りは、社会の内部にあるさまざまな歴史的社会的関係をうつしだす鏡にもたとえうる。しかし、いっぽう、その反映のしかたは、次節で百村《もむら》の祭りを例にあげて説明するように、平穏無事なあらわれかただけですんでしまうわけでないのはもちろんである。社会というものが、そこに生きている人びとのダイナミックな人間関係によってつむぎだされていく程度にみあって、祭りもまたじつはダイナミックに動きつづけ、変化しつづけていくものなのである。

**村々の葛藤**

上野国那波《なは》郡玉村《たまむら》宿（現群馬県佐波《さわ》郡玉村町）の玉村八幡宮は、もともと近在の角淵《つのぶち》村に鎮座していたのを、伊奈備前守忠次が玉村新田を開発したのちに同村に勧請《かんじょう》したものと伝える。しかし勧請ののちも旧角淵八幡宮の氏子である角淵村のほか上之手《かみのて》村をはじめとする都合七ヵ村のみによって毎年の祭礼がいとなまれ、かんじんの玉村下新田は地元であるにもかかわらず祭礼そのものへの参加権がなく、ただ宿を提供するだけという状態が長くつづいていた。こうしたあつかいにしだいに不満をつのらせた下新田村の住民は、正徳五年（一七一五）、ついに実力行動に訴えることになった。古来、玉村八幡宮の祭礼には神輿《みこし》のほか、氏子の村々が神馬《しんめ》二頭ずつをだして流鏑馬《やぶさめ》をおこなってきたのだが、この年八月十六日の例祭に下新田村は突然神馬二頭をひきだし、流鏑馬の先頭を走らせるという挙にでたのである。さらに翌十七日には従来一番の馬をつとめるならわしになっていた上之手村名主のもとへ下新田村名主より、古例はどうであれ来年の祭礼からは下新田村の神馬が先頭をつとめるという一方的な通告がなされた。もちろん上之手村をはじめとする七ヵ村は下新田村の言い分を認めるはずもなく、古式をたてにはねつけて当座はおさまったかにみえたのだが……。

翌享保元年の祭礼がちかづくと、下新田村の名主組頭はふたたび上之手村に対して前年とほぼ同様の主張を申しこしてきた。しかも上之手村がどうしても不承知であるならば、覚悟して馬をひくがよろしいと、なかば脅迫的な態度でさえある。そうこうしているうちにこんどは角淵村、宇貫《うぬき》村の名主が仲裁にのりだしてきた。しかしかれらがだしてきた折衷案というのは、まず第一番に下新田村の神馬をたて、つぎに上之手村、そしてそのあとにまた下新田村という順序に神馬をだしてはどうかという、上之手村にしてみればはなはだ不本意なものでしかなかった。仲裁の名主たちはいう。上之手村のいう「古例」というのもわからないではないが、下新田が地元の村であるのにこれまでのように祭りに加われないというのではあまりに気の毒ではないか。しかも自分たちの要求がいれられないならば神馬もださせないと強硬このうえないことだし、ここは一つ折れてやってはくれないものだろうか、と。たのみの氏子村の名主二人にこうまでいわれてしまっては、上之手村としてもそれ以上はつっぱねることもむずかしい。けっきょくこの調停案をここではのまざるをえないことになってしまった（『群馬県史　資料編14　近世6　中毛地域2』No.四六六、群馬県、一九八六年）。

この年の下新田村の高飛車なでかたの背後に、他の村々、少なくとも右二ヵ村に対するだきこみ工作があったことは疑うまでもない。しかしさらにその前提として、例幣使《れいへいし》街道にそった玉村宿の上・下新田が宿駅としてしだいに経済力をつけてきたという経緯を無視することはできないだろう。古例といってみたところで、それはしょせん相対的安定期だからこそ通用する論理にすぎないのであって、古例という価値などはげしい社会変化のただなかにあっては簡単におしきられてしまう体のものなのである。

ところで玉村八幡宮のその後もさらに簡単に追っておくことにしよう。

神馬の順番をめぐっては、それからもたびたび紛争がくりかえされたらしい。右の争いからおよそ一世紀をへだてた文化十一年（一八一四）にも前後不同の始末があって、村々の若者たちが検断桟敷の下に殺到して争論におよぶということもあった。じつはこのころ同八幡宮の祭りをめぐって争いのたえまがなく、その中心にあったのは角淵村であった。他の村の申し立てによれば、角淵村は近接する村にくらべると大高の村であったためになにかと横暴のこと多く、小高の村々は村の規模と経済力の劣勢のゆえに泣寝入りをよぎなくされてきたという。この争いはついには江戸出訴というところまでエスカレートするというありさまであったが、このときにも紛争の実働部隊としてはたらいたのは、もっぱら村々の若者たちだったようである（『群馬県史　資料編14　近世6　中毛地域2』No.四六八・四六九、一九八六年）。祭りとは一面で、つねに若者たちの意向を無視してはけっして成り立ちえないものでもあった。

## 村と若者

たとえば天保十年（一八三九）、上州高崎の中紺屋町が高崎の祭礼の当番にあたったさい、町の組頭が記した詳細な日記をみると、町の若者と密接に連絡をとりつつ準備を進め、祭りを執行していったようすがよくわかる（『群馬県史　資料編10　近世2　西毛地域2』№三九七、一九七八年）。若者による組織は町の執行部と一線を画しながらも、町を運営するにあたっての重要な組織の一つにほかならなかった。かれらは、ときには隣り村の若者たちとの争いに体をはって対抗し、あるときは祭りの企画や準備のための作業をとおして村人としての一体感をつちかっていったことだろう。寛政十年（一七九八）八月のこと、上州那波郡戸《と》谷《や》塚《づか》村（現伊勢崎市）の惣若者連中は、村の祭礼にあたって旅芝居一座の買いとり興行を計画するにさいし、「此度《このたび》江戸境丁芝居興行仕《し》度由《たきよし》ニ付、惣若者相談之上、縦如《たとえい》何様《かようのこと》　事御座候共《とも》少も違背　申間敷《もうすまじく》候」として、一同あたかも農民一揆のときのようにいわゆる傘　連判《からかされんぱん》をしたためたうえ、爪印《つめいん》をおしてたがいの意思を確認した（『群馬県史　資料編14　近世6　中毛地域2』№四六七、一九八六年）。

　しかし若者の意思というものは時代を越えていつでもそうであったように、かならずしも社会の上層部のそれと一致するとはかぎらない。村の重立衆とするどく対立することさえまれではなかった。上州吾妻《あがつま》郡中山村で安政三年（一八五六）におきた若者と名主の対立もそうしたうちの一つである。この一件もやはり若者が旅芝居の興行を計画したことに端を発する。かれらはあらかじめ名主に対して、神社境内をかりて芝居興行をしたいむね内々に申しいれたのだが、名主はなぜかもってのほかのこととこれを差し止めてしまった。神社社屋が修理を要するほどに大破していたことも理由の一つになったのだろうか。しかし若者たちは名主の差し止めを完全に無視し、祭礼の当日になると予定どおり芝居の舞台をひらいてしまった。通報があって名主がかけつけてみると、太鼓拍子木の音もにぎやかに、おいおい近村からも見物人が集まってくる。名主はほかの村役人を遣わして芝居の中止を申しわたし、ひとまずは引きあげていった。しかし翌日になるとあいかわらず芝居の舞台はにぎにぎしくひらかれており、見物人もまえにも増して押しかけている。面目をつぶされた名主は烈火のごとく怒り、若者たちと談判におよんだ。しかしかれらは、芝居の興行に故障を申し立てるのは名主一人ではないかとあなどって悪口雑言のかぎりをつくし、はてはあわや打ちかかろうかということにまでなってしまった。その場は引きわけてくれるものがあって大事にはいたらずにすんだものの、怒りがおさまらない名主はついに地頭所まで訴えでて、自分の言い分がとりあげられないようならば名主を退役するほかないとまで息まくのであった（『群馬県史　資料編11　近世3　北毛地域1』№五九二、一九八〇年)。

この事件がどのように決着したのかは定かでないが、争いの根底には、たんに村の運営をめぐる名主と若者たちの意見のくいちがいとか世代のちがい、あるいは名主があからさまに面子《メンツ》をつぶされたことによる怒りとかですまされない問題が横たわっていそうである。というのは訴状によるかぎり名主の心配はむしろ、人が大勢集まることによる火の元の問題、そしてなによりも「非常の変事」をひきおこしたときのことであり、それが「其筋《そのすじ》」に知れた場合には容易ならざることになりかねない、というところにあったように思われるからである。当時関東の村々の治安状態はかなり深刻な状態にまできており、支配権力にとって在方《ざいかた》風俗のありかたも大きな課題になってきていたことは周知のとおりである(氏家幹人「近世解体期における在方風俗の逸脱と統制」『地方史研究』一七一、一九八一年)。かの名主にとってみれば風俗不取締りのゆえをもって支配者の容喙《ようかい》をなによりもおそれたのであろうし、若者にとってみればそうした村上層部の態度はがまんしかねる弱腰とうつったにちがいない。ことさらなまでの挑発的な無視もそうしてみれば理解できないこともない。しかし若者の単純な反発をよそに、つねに政治と祭りの関わりには、じつは、いやおうないものさえあったのである。

そこでおもに村芝居をてこにした風俗統制とは反対に、支配のための一環としての祭礼の利用という側面も簡単にみておくことにする。

## 支配のための祭り

上州金古《かねこ》宿は古来、毘沙門天《びしやもんてん》および稲荷《いなり》を氏神とし、毎年九月九日の重陽《ちようよう》の節供を祭日としてきたが、安永九年（一七八〇）、祭礼のさびしさをなげいた宿の重立衆である四人のものが祭式に三番叟《さんばそう》を演じ、脇狂言（余興）に子供踊り芝居をとりいれようともくろんだ。といってもかれらの計画がすんなりと宿内にうけいれられたわけではない。あれやこれやと意見を調整し、やっと意見の一致がみられたのはようやく天明五年（一七八五）のことであった。しかしかんじんの三番叟のための翁面《おきなめん》の入手方法が問題になった。そこで地頭役所（ここは旗本領であった）に面の下附をあっせんしてくれるものがあり、翁面二面が役所からさげわたされたのは翌々年のことであった。このおりに一同が地頭役所に対し、「万事旧例之通り上下之無差別《さべつなく》、神事を敬ひ祭礼第一として、倹約如先規《けんやくせんきのごとく》惣勘合ニて、村中一同世話人中差図次第ニ、桟敷速《すみやか》ニ敷込可申《もうすべき》」ことを誓わせられたのはいうまでもない。もっとも数年後にははやくも桟敷のあつかいをめぐって争論がおこったのは、これもまた多分にもれることがなかった（『群馬県史　資料編10　近世2　西毛地域2』№三九五、一九七八年）。

これまでたびたびふれたように、支配者にとって勧農、つまり農業の振興は切実な課題であった。そのさい、用水や新田の開発など物質的な条件の整備もさることながら、神事の執行維持という側面もじつはきわめて重要である。中世以来、正月早々に領主から領民に示される「吉書」というい わば勧農の書にしても、その一般的な内容は、池溝の整備、貢納の厳守とならんで、というよりそれらにさきだってまずかかげられたのは神事の隆盛と円滑な執行であった（中野豈任『祝儀・吉書・呪符――中世村落の祈りと呪術――』吉川弘文館、一九八八年）。今日各地の農村で農始めの行事として伝承される田遊び田楽や田植え祭りといった民俗芸能・民俗神事にしても、農村を支配する領主からの積極的なはたらきかけがあってこそ、農村に普及定着しえたといえる（黒田日出男『日本中世開発史の研究』校倉書房、一九八四年）。そうした状況は近世にいたってもけっして変わるところはなかっただろう。右の金古宿に下された翁の面をはじめとして、領主の領民らの祭りに対する関心には少なからざるものがあったのである。

しかしこれまでもみてきたように、祭りは支配権力にとっては、いわば両刃の剣でもあった。なぜなら祭りに表出される共同体の意識は、ときには保守的に支配者に都合のよいかたちではたらくこともあっただろうが、またときにかれらにとって望ましい秩序をうち破り、統制の手をはるかに越えたところにまで共同体をもっていってしまうこともまれではなかったからである。祭りとはそうしたいわばさまざまな社会的綱引きのなかから生みだされた世界観の表現にほかならないといえよう。

# 祭祀組織の形成――下野国百村の祭り

## 百村という村

地域における神社の祭礼が、地域社会そのものと密接不離な関係をもって存在していることはいうまでもない。それもさきの御上《みかみ》神社のように遠い歴史を媒介とするだけにとどまらず、日常生活の仕組み自体がもっとストレートに反映されることのほうがはるかに一般的である。つぎにとりあげたいのは、そんな観点からの読解の試みである（百村《もむら》に関する種々のデータは、わたしがこの調査をおこなった一九七〇年ごろのものである）。

栃木県の最北端、福島県との県境近くには、那須野が原とよばれる広大な複合扇状地が広がっている。黒磯市大字百村は、これら扇状地のうち、那珂川がつくる扇状地のほぼ頂点部に位置する村である。ただし村といっても、百村本田・百村新田・穴沢という少しずつ離れた三つの集落からなっている。そのうち百村本田はすぐ背後に一〇〇〇メートル級の山々を背負い、歴史的にももっとも古く、文字どおり他の二集落に対する本村であると伝えられる。いっぽうほかの二集落、百村新田・穴沢は本田の五〇〇〜一〇〇〇メートルほど東に位置して、やや扇状地上にせり出したかたちになっている。

百村の歴史がいつごろの時代にまでさかのぼることができるか、その上限はまったく明らかではない。といっても、さきに述べたような扇状地という立地条件を考えれば、ひじょうに古い時代に開かれたということはまず考えにくいだろう。

この村の開発に関しては二つの伝承がある。一つは「四郎兵衛」に関するものである。むかし——といってもいつのことかわからないが——四郎兵衛なるものが最初にこの百村本田を開発し、やがて開発の手は周辺の木綿畑《きわたはた》村・湯宮《ゆぐう》村・鴫内《しぎうち》村などへのびていったというものである。村内には現在も「四郎兵衛屋敷」とよぶ屋敷跡と伝えられる場所もあり、また四郎兵衛仏と称される木像が一体、のちにふれる阿弥陀堂のなかに安置されている。しかしその子孫とか係累と伝えられる家は、もう百村のなかにはいない。

これに対し、もう一つの「草分け権左衛門」に関する開発伝承は、現代とも少しつながってくる。といってもまとまった話をとくにともなうわけではない。ただそのようによばれる人物がいた、といういい伝えにすぎない。しかしその子孫といわれる家は現在もあり、穴沢温泉神社の大世話人（氏子惣代にあたる）となっている。この伝承が事実であるかいなかは別としても、それが現在の村落構造上の家格の高さとしてとくに意識されることもない。ただその伝承のゆえに、村の祭りにあたっても一定の高い地位を認められていることだけは確かである。

　さて、近世に入ると百村は幕府直轄地となり、近隣の木綿畑村・湯宮村・鴨内村とともに天領四ヵ村とよびならわされることになった。なかでも、木綿畑村とは地理的にももっとも近接するうえに、ことに親縁関係があったものらしく、のちに述べるように巻川《まきがわ》温泉《ゆぜん》神社を共同の鎮守としてまつっていた。また、百村の背後にある百村山（一〇八五メートル）とそれに連なる山々を俗に「百村深山」とよんでいるが、天領四ヵ村はそこに三万八〇〇〇町歩といわれる広大な入会山を有していた。これら入会山の存在はその後、近代以降の農村構造の変化にともない、氏子組織の構成にも重要な役割を果たすことになる。

　百村の総石高は記録によれば元禄十二年（一六九九）以降、明治期の地租改正にいたるまで六六〇石余を維持していた。この点をもう少し詳しく述べるとつぎのようになる。

寛永二十一年（一六四四）……四七一石余
寛　文　五　年（一六六五）……五六四石四斗六升
元禄十二年（一六九九）……六六三石四斗七升余

最初の検地がいつおこなわれたかは明らかではないが、この村には寛永二十年の検地帳が残されている。これらの史料によれば最初の二一年間に一〇〇石弱の増加が、つぎの三四年間にさらに一〇〇石弱の石高の増加がみられたことになる。なお元禄十二年の割付状には本畑が四七〇石余となっていて、これは寛永二十一年の石高と一致する。残りの一九三石余は同所新田として算定されるが、新田とはいうものの、その内容はすべて畑または屋敷である。つまりこの間の石高の増加はいわゆる新田開発によるものだということがわかる。このように百村の経済的規模の発展は寛永二十年ころから約五〇年ほどの間に集中的にあらわれた。ただし、この時期に関してこれ以上詳しいことは、史料がまったく残されておらず、その詳細をあとづけることはむずかしい。

いっぽう江戸時代の中ごろ以降、百村という村を構成する基本的な村組としては、穴沢・古宿《ふるじゅく》・中町・新宿《あらじゅく》（荒宿）・新田の五組があった。ただし新田には笠木という独立した小集落が付属する。このうち古宿・中町・新宿が現在の百村本田に、穴沢・新田はそれぞれ現在の穴沢・百村新田の各集落に対応する。この村組は貢租徴収の単位でもあった。

しかしこのような集落構成を基礎にした区分とは別の組分け法もあったようである。それによると村は大きく二分され、穴沢と古宿で一組、中町・新宿・新田で一組というまとまりをもっていたと思われる。この組分けによれば、百村本田は一つの集落のなかに境界線がひかれ、それぞれが別の組に属していたことになる。この区分が何にもとづき、どのような機能を果たしていたかは明らかでないが、しばしばその間に村の役職などをめぐって抗争をひきおこしたようである。また近世中期から後期にかけては、おのおのから名主を出すこともあった。また現在の伝承のなかにもその痕跡は認められる。百村にまつられる鎮守以外の神社である東西愛宕神社や天王社の氏子組織、馬頭観音をまつる観音町内、あるいは屋根の葺きかえのための講であるカヤカリ町内がほぼこの区分にしたがってカヤバを持っていたなど、これに対応する組織をみることもできる。これらの事実から、かつて百村は大きく二分され、その間にある種の対抗関係さえも生じていたのではないかと推測させる。

今日の百村の生業は農業が主で、しかも畑地である。近世での農産物収納高は不明なので、ここではいちおう明治初期のものをかかげておきたい（表2）。なお明治三十七年

表2　明治7年生産収納高

| 品目 | 収納高 | 備考 |
|---|---|---|
| 米 | 0 | 区外買入 103石8斗9升 |
| 稗 | 904石8斗7升 | 自家消費 |
| 麦 | 267〃6〃5〃 | 〃 |
| 小麦 | 92〃 | 〃 |
| 粟 | 72〃3〃 | 〃 |
| 大豆 | 60〃5〃 | 〃 |
| 小豆 | 8〃9〃3〃 | 〃 |
| 芋 | 1778駄 | 〃 |
| 大根 | 594〃 | 〃 |
| 薪 | 8035〃 | 〃 |
| 荏 | 48石9斗8升 | 区外へ売出 |
| 馬 | 198頭 | |
| 鶏 | 88羽 | |

（一九〇四）には水田が七一筆三町歩余りみられる。

このほか、この村において重要なものに山林がある。明治八年（一八七五）の調査によれば、薪《まき》の収納高は八〇三五駄にのぼっているが、すべて自家消費用である。木材の売却によって収入をはかるようになったのは明治以後と思われる。

ここまでの説明はずいぶん細かい点にまではいりこんで、いささか煩雑にすぎたかもしれない。しかし、じつをいえばこれらの歴史や社会構造の多くが、これから述べようとする祭りと大きな関わりをもっているのである。

## 百村の鎮守社

この項では現在も本村にまつられている巻川温泉神社・穴沢温泉神社・阿弥陀堂のそれぞれについて、氏子組織と現況を記しておこう。じつをいえば百村には、江戸時代以降にさかのぼっても、ふつうどこの村にもあるような、単一の鎮守社というものがまつられていない。それに相当するのが、右にあげた二社一堂なのである。

まず最初にこれら三つの社堂の簡単なスケッチをしておきたい。

巻川温泉神社は本村においてもっとも古く、かつ由緒も深い神社とされている。ただし神社の由来などに関する口碑《こうひ》類は伝えられていない。旧村時代には、百村とその南に隣接する木綿畑村との共同の鎮守であり、明治期の社格制定後は百村村社（近代以降の所属は、明治維新により真岡《もおか》県・日光県・宇都宮県と変わったあと、明治六年栃木県に編入された。同時に百村ほか五ヵ村が連合して戸長役場を百村におき、さらに同十九年一三ヵ村連合して高林村に戸長役場を設置する。そして同二十二年より一五大字によって旧高林村が発足した）という社格を与えられていた。なお、大正末期までは旧来の慣行にしたがって木綿畑村のうちにも氏子がいたが、その後分離し、三人を除いて現在の氏子はすべて百村の住民である。またそれ以前にはこの神社は旧天領四ヵ村の共同鎮守であったともいわれるが、その真偽のほどは定かでない。この神社は百村と木綿畑新田とのほぼ中間あたり、巻川のほとり、笹野《ささの》曾里《そり》とよばれるところにある。かつて近辺は人家のないところであった。祭神は大己貴命《おおなむちのみこと》である。境内地は三畝一〇歩あり、その一画を間口一〇㍍、奥行二〇㍍ほどに区切り、幅・高さとも一㍍ほどの石垣で囲ってある。そのなかに鞘堂《さやどう》におおわれた神殿がある。氏子数は二六人で、うち三人は木綿畑新田にいる。

穴沢温泉神社は、穴沢の部落をわずかにはずれた畑地のなかの一画にある。祭神は同じく大己貴命。創設年代、由緒等は不明。氏子数は五二人。

最後に阿弥陀堂は、いうまでもなく阿弥陀如来を本尊とするお堂である。また百村の草分けとも伝えられる四郎兵衛を彫したといわれる四郎兵衛仏という木像が本尊のわきに安置されている。

### 氏子組織

まず最初に、各氏子（神社はともかく、阿弥陀堂について「氏子」ということばをつかうのは、厳密には適当でないだろう。しかし実体からみても、用語上の不必要な煩雑さをまねかないためにも、ここでは一括して「氏子」ということばをつかわせてもらいたい）集団間の構成員数、各集落での分布状態その他について、表3をみてもらいたい。

① まず第一の特徴として、各氏子集団、および各集落とのあいだに対応関係があるわけではないということがみてとれる。といっても巻川温泉神社の氏子と百村本田とはひじ

表3　氏子集団の構成（昭和44年末現在）

| | 百村本田 | 百村新田 | 穴　沢 | 計 |
|---|---|---|---|---|
| 巻川温泉神社 | 21( 8) | 2(1) | 0 | 23( 9) |
| 穴沢温泉神社 | 15( 4) | 14(1) | 23(3) | 52( 8) |
| 阿弥陀堂 | 12( 7) | 17(6) | 9(2) | 38(15) |
| 計 | 48(19) | 33(8) | 32(5) | 113(32) |
| 実際の戸数 | 39(18) | 29(8) | 30(5) | 98(31) |
| 部落戸数 | 64 | 41 | 64 | 169 |

ように強い対応を示している。それらの理由について、今のところ知ることはできない。村の発生段階の状況と、各社堂の成立事情との間になんらかの関係があるのだろうが、それも憶測でしかない。

②　いっぽう一人の氏子は、原則としてただ一つの氏子集団に属する。ほとんどの場合、その原則は現実にも守られている。ところがそれに反してごく一部、一人の氏子が二つの氏子集団に二重に帰属するという場合がある。そのため全体を集計したとき、氏子数の延べ人数と実人数との間にくいちがいが生ずる。表3にみられるように、集計すれば一五名にのぼることがわかる。その多くは明治以後、「氏子の権利を買った」ことによることが確認されるが、未確認のものおよび事情の不明なものも数名残されている。

③　カッコ内に示した数はジガシラ（地頭）とよばれる氏子の数を示したものである。かつては、祭りにあたって

表4　地組の規模別分類(地数)

| 人数 | 巻　川 | 穴　沢 | 阿弥陀 | 計 |
|---|---|---|---|---|
| 1 | 3 | | 4 | 7 |
| 2 | 1 | | 5 | 6 |
| 3 | 3 | | 4 | 7 |
| 4 | 1 | 1 | 1 | 3 |
| 5 | 1 | 2 | | 3 |
| 6 | | 2 | | 2 |
| 7 | | 1 | | 1 |
| 8 | | | 1 | 1 |
| 9 | | 1 | | 1 |
| 10 | | 1 | | 1 |
| 計 | 9 | 8 | 15 | 32 |

全氏子のうちジガシラのみが昇殿を許され、現在もまたこのジガシラ各一人が毎年当番となって祭りが運営されているのである。すなわち各氏子集団はこのジガシラ層を中心として動いているといえる。

各氏子集団はいくつかのジグミ（地組）とよばれる小グループに分かれ、それら地組の長ともいうべき位置にジガシラがある。いいかえれば、各氏子集団はジガシラを頂点にもつ小グループ＝地組の連合体として構成されていることになる。各地組の規模の分布については表4を参照されたい。

地組においては、その長であるジガシラが当番にあたると一体となって祭場などの設営にあたり、また祭りのあとジガシラに下げ渡される神供《じんぐ》（のちに述べるようにそれはゴクとよばれる）はジガシラからその地組のメンバーに配分される。つまりそのかぎりでジグミは宗教的な一体性をきわめて強くみせている。

一つの地組はかならずしも一つの集落のなかにまとまっているわけではない。また同一集落のなかで完結する場合にも、その居住地がすぐ近くにあるわけでないのがふつうである。

地組はおおむね同姓集団であり、そのメンバーの間には多くの場合本家・分家の関係（本末関係）が認識されている。そのかぎりでジガシラは、この本分家群の頂点――総本家――にあたる。しかしいっぽうで、これらのうち少なからぬ家々が地組のなかの他の家との間に本末関係をもたなかったり、まったく別系統の家々の連合体として構成されていたりすることがある。それはある場合には後述する「氏子の権利」の移動によるものであるが、またある場合にはその理由がまったく不明であったりする。むしろなぜその家がその地組に属すのかがわからないというケースがかなりの数にのぼるという今日の事情は、ジガシラとは系譜的本分家集団の長にほかならないという、ある意味で単純な性格規定をすぐには受けいれがたいものにしてしまっている（なお、ここで簡単に用語についてふれておきたい。ジグミということばはこの村でそれほどふつうに使われていることばではない。むしろこれに相当する語としてはジマケ・ジワケ・マケなどがある。しかしその意味する内容は、それぞれ少しずつ異なっているのが実態である。そのために多様なことばを代表する語として「地組」という歴史的な語彙を採用したのである）。

④　これまでの説明のなかでしばしば「氏子の権利」といういいかたをしたが、これは具体的には社堂それぞれに付随する境内地に対する記名共有権のことを指している。そのためどの氏子集団にあっても、氏子数の減少をみることはあっても増加することは今後ありえないだろうという。

**百村の秋祭り**

長く煩雑な前置きになったが、いよいよ百村の秋祭りについて述べることにしよう。といっても巻川温泉神社・穴沢温泉神社・阿弥陀堂の祭りの主要な内容はほとんど変わることがない。そこでここでは、旧来の祭りの方式を比較的そのままに承け継いでいるといわれる穴沢温泉神社の祭りを中心に紹介したい。

祭日は旧暦九月十九日である。ジガシラの一人がトウバン（当番）になり、地組の人びとともに祭りの準備にあたる。そのなかでもっとも大事なのはゴク（御供）とよばれる神前への供え物をつくる仕事である。

ゴクとは一升の赤飯の上にシオビキとよぶ生魚をのせ、木の器に盛りつけたものである。穴沢温泉神社では一二個のゴクをつくる。阿弥陀堂ではかつては二〇個のゴクをつくったが当時すでにつくらなくなっていた。巻川温泉神社では、小さなモチを氏子の数だけつくることになっていた。

祭りは十九日、午後三時ころから始められる。祭りを司る者はそれぞれ異なっていて、巻川温泉神社の場合には神職が、阿弥陀堂の祭りには百村本田にある曹洞宗光徳寺の住職がその任にあたる。それに対し穴沢温泉神社の場合は神社であるにもかかわらず、祭りをとりおこなってくれるのは百村本田にある真言宗東福寺の住職である。

さて鞘堂に納められた小さな神殿のまわりには一二個のゴクが供えられている。そして型どおりといえば型どおりの祭りがとりおこなわれるのだが、このとき拝殿に昇ることが許されたのは、かつて氏子のうち八人のジガシラのみであったという。その他一般の氏子の人びとは拝殿の外で祭りが終わるのを待っていなければならなかった。しかし昇殿を許されたジガシラの間に一定の座席順があったかどうかは、もう定かでない。

この点は他の祭りでも同じであったらしく、ことに巻川温泉神社の祭りでは当時でもジガシラのみが昇殿を許されることになっていた。

祭りの直会《なおらい》のあと、神殿に供えてあったゴクは、一つずつジガシラに渡されるところがこの祭りのポイントになる。一二個のうち残りの四つは、東福寺住職・大世話人（世襲制の氏子総代のごとき者）、その年と翌年の当番とに一つずつ分けられる。ジガシラに渡され

図5　巻川温泉神社祭礼の日の氏子たち

たゴクはさらに、それぞれの地組のメンバーに分けられる。配分の方法はいささか複雑であり、地組自体の構成にも深く関連してバラエティに富んでいるので、詳しくはのちに述べることにする。

翌二十日をウラマツリまたはカンジョウマツリという。これは阿弥陀堂の祭りを除いてはたんなる会計報告にすぎず、また参加者もジガシラのみに限られる。阿弥陀堂のウラマツリはむしろ本祭りよりも盛大であるとさえいわれている。この夜、当番の家には氏子全員が集まり、会計決算報告のあと、当番のヒキユズリ（引き継ぎ）がおこなわれる。その年の当番を女、翌年の当番を男になぞらえ、婚姻の儀礼を模して上座にすわらせる。そして、適当な者を仲人役とし、新旧当番のヒキユズリの挨拶ののち、謡曲「高砂」をうたい、書類の入った帳箱を仲人を介して引き継ぐのである。

## 婚姻・葬式と地組

ここまでは「地組」という集団と組織を、主として宗教――神社祭祀――にかかわるものとしてとりあげてきた。ところがこの村における地組のはたらきは、かならずしもそれだけに限定されているわけではない。もういっぽうでは生活上のさまざまな局面で、ある種の互助的機能をも果たしているのである。そしてそのときの地組のメンバーは、さきのそれを中核としながらも、それ以外のものを含んだり、ほかの地組のものと関わってみたりと、もう少し複雑な様相を示すことになる。

そこでつぎには、そうした機能がもっともよくあらわれる葬式と婚姻の両儀礼について簡単に説明をし、ついで若干の事例によってもっと詳しく述べていきたい。

ここでは婚姻をとりおこなうにあたって、どの家に対してもかならず「オショウバン（お相伴）」役をつとめる家が定まっている。オショウバン役とは婚礼の座敷における新夫婦の介添役であるばかりでなく、儀礼の進行全体に関する総括的な責任者でもある。女方での儀礼（すなわち嫁入りのときには嫁迎えのさいの儀礼）には女方の家のオショウバンが、男方での儀礼には男方のオショウバンがその任にあたる。オショウバンと仲人とは異なる。仲人は男女双方での儀礼をとおして一組をたてるのみであり、また純然たる儀礼の立会人という性格しかもたない。むろん結婚後の交渉もきわめて薄い。オショウバンは料理の上げ下げの時機なども含め、儀礼の進行に対しては全面的に責任をもつ。また、招待客などのために座席の案内・わりふりをするところから「ザアンナイ（座案内）」の異称がある。

葬送の儀礼において、同様の役割を「オオダイマツ」持ちという。野辺送りの行列のさいに先頭に立ち、大松明《おおだいまつ》をかかげて持って歩くところからこの名称が生まれたという。しかし、役割はこれのみにとどまらず、これもやはり葬送儀礼における総括的な進行係であり、寺との交渉、僧侶や焼香客の接待などにいたるまでの全面的な責任者でもある。オオダイマツ役は前述のオショウバン役と一致し、かならずその属する地組のなかから出る。なお葬送儀礼においてはオオダイマツに準じて「イケダイマツ」持ちという者も出る。これには儀礼の責任者といった性格はみられず、またオオダイマツほどに厳密に定まっているとはかならずしもいえないが、やはりその地組のメンバーのなかから選ばれる。

なお、婚姻・葬送の両儀礼において、台所＝裏方の仕事をおこなうのは、かならずしも地組ではなく、地縁的な組内の者が主としてこれにあたるという。

いずれにせよ、この二つの役割は、両儀礼においてもっとも重要な仕事とされているわけである。そしてこの二つの役割を果たすものは特定の家と家との間に世代をこえて定まっているのが原則であり、しかも、その関係は地組の構造と密接に関連する。そこでつぎには、家々の系譜関係、ゴクの配分の系統、両儀礼の総括責任者との間の関係の三つのファクターを軸として、個別の事例にあたってみることにしよう。

**一つのケース**

$T_1$家（百村本田在住）をジガシラとする地組の例をとりあげる。これは一点を除いては、典型的なケースの一つだといってよい。図6をみてもらいたい。

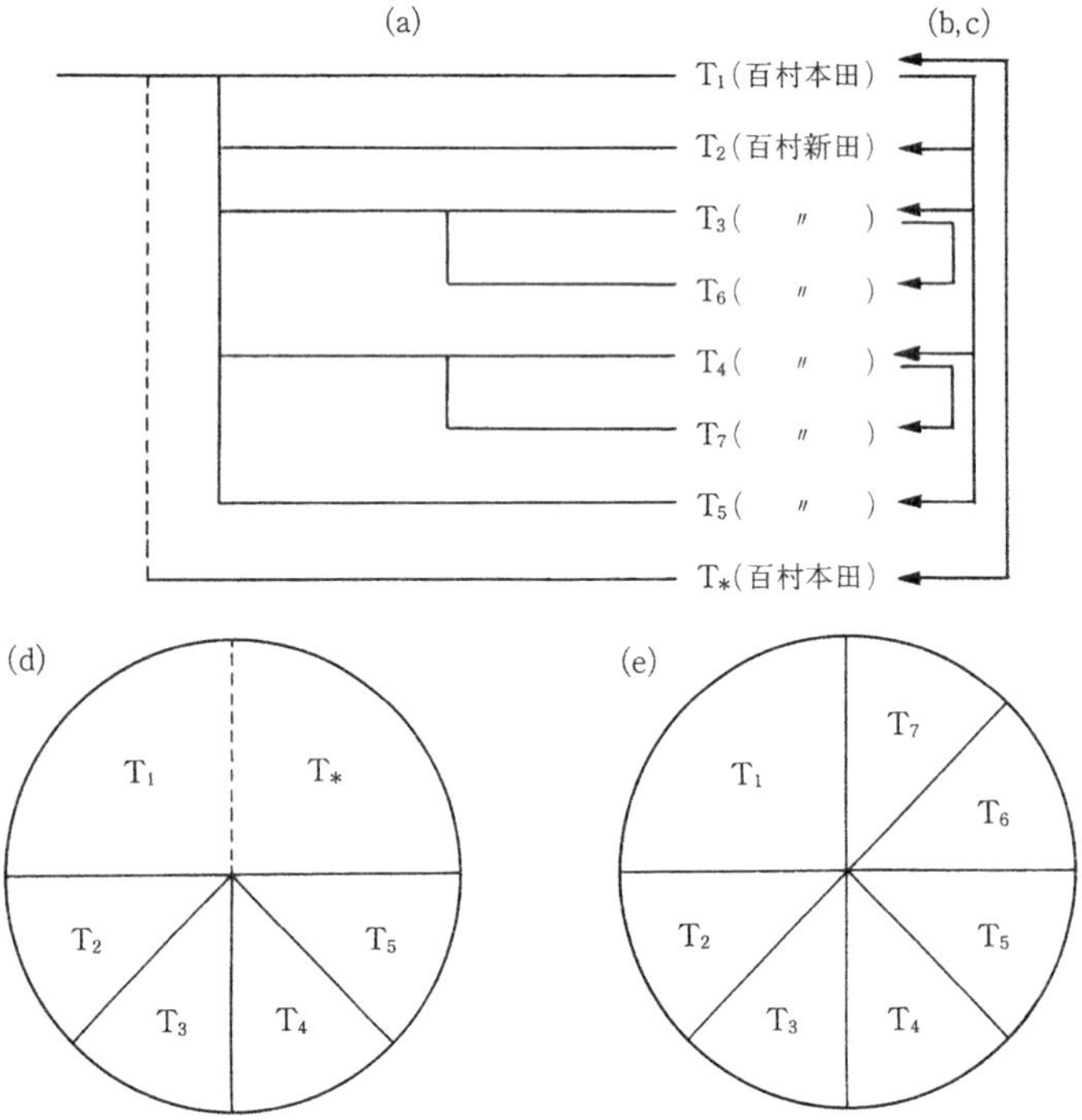


図6　Tマケの場合

(a)系譜関係，(b)ゴク配分系統（穴沢温泉神社），
(c)「オショウバン」役，(d)穴沢温泉神社ゴク配分，
(e)同（現行）

$T_1$～$T_7$はすべて同姓であり、$T_1$家以外はみな百村新田に住む。$T_1$は江戸時代には一時名主をつとめた家柄であり、また先の世帯主の代までは菩提寺の永久檀徒総代であった。ただしこのうち、$T_3$および、$T_6$は、理由は不明であるが村内の別の寺の檀家である。七戸の家の系譜関係は図6aのように伝えられてはいるが、それぞれの家が分出した時期は明らかでない。

祭礼（穴沢温泉神社）のさいのゴクの配分の系統（b）、およびオショウバン役の系統（c。「オオダイマツ」持ちの系統も含む）、ゴクの配分の割合（d、e）、を図6のようにあらわしてみた。系譜関係を表現するaの部分から、$T_1$を本家として$T_2$、$T_4$、$T_5$という分家が分かれ、それぞれからまた別の家が分出していることがわかる。$T_*$との関係についてはのちほど説明する。右側のb、c部分においてAからBに向かって引かれた矢印の記号は、A家の世帯主がB家に対してオショウバン役をつとめる関係、およびA家からB家にゴクが渡される関係を示している。図6d、図6eはゴク配分の割合である。図6eは現行のものであるので、まず図6dについて説明する。ただしこの図では第一段階までしか示さなかった。$T_1$がジガシラの一人として神社から下げ渡されたゴクはまず二等分され、二分の一を自分のものとする。残りの半分は四等分され、すなわち八分の一ずつを、$T_1$の直接の分家と伝えられる、$T_2$〜$T_5$に分けられる。第二段階では、$T_3$・$T_4$は自分の受けとったゴクをさらに二等分し、すなわち一六分の一ずつをそれぞれの直接の分家と伝えられる$T_6$、$T_7$に分けるわけである。以上のような配分方式がこの村ではもっとも一般的であるといえる。

この事例の場合の特殊事情とはつぎのようである。$T_1$は最終的に自分の手許に残った二分の一のゴクの交換がおこなわれることである。それは同図にみるように、$T_*$との間にゴクをさらに二等分し、その一つを$T_*$に渡す。これに対し$T_*$からも同様の過程をへたうえでゴクの四分の一を$T_1$に渡す。$T_*$は$T_1$家と同じ姓を名のり、百村本田に居住し、穴沢温泉神社のジガシラの一人でもある。このようなゴクの交換の事例は本村の他の地組にはまったくみられない。

次に婚姻および葬送の儀においては、さきに述べたような「オショウバン」役・「オオダイマツ」持ちの役割は、$T_2$〜$T_5$に対しては直接の本家である$T_1$の世帯主が、$T_6$・$T_7$に対してはやはりそれぞれの直接の本家とされる、$T_3$・$T_4$の世帯主がつとめる。

また$T_1$に対しては、本村でのもっとも一般的な事例では$T_2$〜$T_5$のなかのもっとも古い分家の当主がそれをつとめることになるはずである。しかしこの地組に限っては$T_*$がそれを果たしているのである。ジガシラ同士が互いにこの役割を果たすという事例はこのほかにも数例みられるが、現在までに判明したかぎりでは、すべてその間に系譜関係があると伝えられているか、または他に該当者がいない場合に限られている。この場合のように、その地組内に該当者がいるにもかかわらず、このような方式をとっている事例は現在までのところみあたらない。$T_1$と$T_*$との間には系譜関係はとくに伝えられていないようであるが、それを設定してみるのもあながち無理な見方ではないようにも思われる。

なお近年、ゴクの配分は図6eのように変えられたうえに、$T_1$と$T_*$との間のゴクの交換もとりやめになったという。

### より一般的な構造と機能

ここまで「地組」の組織を中心として、その宗教的機能および生活互助機能の諸相を述べてきた。そこで、この節ではそれらの点、とりわけ第二の生活互助機能を中心に、要点を箇条的に整理しておくことにしよう。

① 生活上の互助機能という点からみるならば、この村の地組はかならずしも集団としての体をなしているとはいいがたい。それよりも日常生活のなかでの本家としての役割、分家としての位置、といった側面が強く押し出されてくるという傾向が強い。その意味で地組とはむしろ、直接の本家・分家という関係が積み重なっていった結果として一つの集

団をなしている、といったほうが実態に即しているように思われる。しかも系譜関係さえもが、ときと場合によっては絶対的な要素でないことは右の事例のなかにもあらわれていた。じつはそれに対して、この村の人びとはしばしば、ジマケとはむかし土地を分けあった仲のことなのだ、というふうに説明することがある。これはたいへん興味深い事実で、このあと詳しく検討することにしたい。

②　氏子組織としての地組の場合には、さきのような神社・お堂別の表を書くことが可能になったことからわかるように、誰がどこの氏子であるかということも、どこの地組に属するかということもはっきりしている。ところが生活互助組織としてみた場合、互いの関係は日常生活上の助け合いという局面であらわれるのだから、そのケースごとの事情によって左右される部分がひじょうに大きい。いいかえればどの家との間に本家・分家という関係があるのかということは、実際にそれぞれの家や地組が当面した婚姻や葬儀という具体的なできごとのなかでそのつど確認していかなければならないものなのである。しかもさきに述べたゴクの配分は、本来ならば正規の氏子であるかぎり配分される資格をもつといわなければならないのだが、実際には氏子でなくてもふだんのつきあいの実状を適用して、祭りのゴクを配るということもある。つまりどれかの氏子であるということは、こ

の村のなかでどちらかといえばおおやけに承認された資格であるにもかかわらず、実際の祭りの運用にはそれぞれの地組のいわば内々の事情にのっとっておこなわれる部分を少なからずもってしまうのである。

さてもう一つ、第一点で述べたことをもう少し補足しておこう。

③　地組とはある面で生活互助組織であるとはいうものの、じつのところその機能する局面は、婚姻・葬送の二つの儀礼にほとんど限定されていて、もう少し広範な年中行事とか通過儀礼などのさいにおいてはほとんどはたらいていない。まして他のさまざまな社会関係、とりわけ種々の生産活動において、地組がなんらかの互助関係――たとえばいわゆる結《ゆ》いとか手伝いなどといった――の強い動機になるということも、とりたててはないようである。このことから地組は、同族団など一定の社会単位となるような家連合とはいささか性格を異にしているといわなければならない。このことは村人たち自身によっても、「ジマケがいちばんよくわかるのは不祝儀のときだ」「家に何か困ったことがあったとき、真先に相談に行くのはなんといっても縁つづきの者が多く、ジマケの者に相談に行くことはあまりない」「ユイがつくられるのは近所の者や縁つづきの者が多い」等々のことばでも語られているのである。いいかえれば、同じ地組に属しているということを主要な動機

とする行動様式は、少なくとも観察されるかぎりは、意識・行動の表面にはのぼってこないようである。

④　このことはさきの二つの儀礼——婚姻・葬送——においても同様である。両儀礼の運営において実際面ではより重要であるはずの裏方の作業は主として近隣組のものによってまかなわれるのがふつうであり、一般に地組の個々のメンバーは同じ組内にあるものとして作業に従事するか、さもなければ血縁・姻戚関係にあるものとして儀礼面から参与するにとどまる。すなわち、両儀礼を通じて強調されるのは、「オショウバン」「オオダイマツ」として参与する直接本家の位置のみであるといえる。

⑤　最後に、以上のようにある特定の儀礼において重視される直接本家の役割・位置は、他の一般的な生活面にはあらわれず、また本家であるがゆえのあるいは分家であることに由来する特定の行動様式・意識がとくにみうけられないことも一つの特色であるといえる。まして本家・分家集団といった定型的な家連合にまで意識が拡大していかないのは、ある意味では当然ともいえよう。

## Sマケの形成

さきほどわたしは、地組は「地分け」の伝承をともなっていることにふれた。そこでつぎにはその伝承のよってきたゆえんを歴史のなかに求め

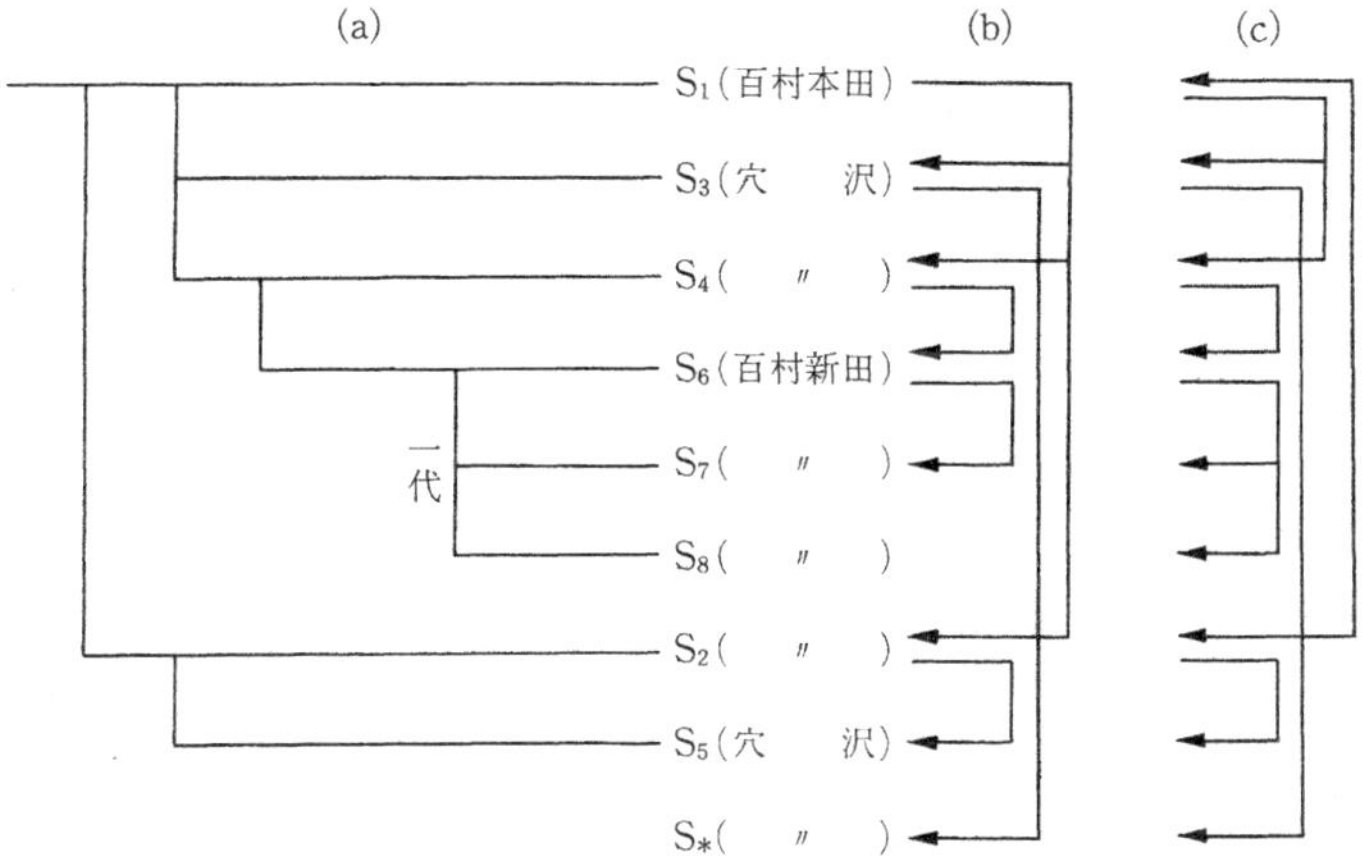


図7　Sマケの場合　(a)以下図6と同じ

なければならない。実例としてSマケをとりあげてみよう。現在の様子をまず述べておく。

図7a～cに対する説明は図6と同じである。a～cが少しずつ異なっていることに注意したい。

$S_1$のみは百村本田にいるが、地理的には穴沢あるいは百村本田にむしろ近い。「草分け権左衛門」ともよばれた家で、寛永二十年の検地帳によれば、じつに五六石余の高請の百姓であったとされる。一時期名主をつとめている。現在、穴沢温泉神社の大世話人である。

$S_2$はそのもっとも旧い分家であり、近世前期に$S_1$より分出するさい、請高の半分二八石余を分与されたと思われる。またこのように伝えられてもいる。$S_2$は近世中期より独立のジガシラとされており、現在もゴクは$S_1$とは別個にうけとり、その地組に配分する。さらに系譜関係を反映してか、$S_1$より$S_2$へのゴクの配分も同時におこなわれている。

この事例での特色は$S_*$の存在にある。この家は明治末期村外より転入してきたものであり、その後桜井姓のある家にかわって穴沢温泉神社の氏子となった。したがっていうまでもなく$S_3$との間には系譜関係はない。

$S_6$〜$S_7$については、いついかなる事情でこれらの氏子にもなったのか、残念ながら現在では不明である。なお$S_6$は別の地組のWに血縁的につながるといわれる。$S_6$がWより独立するさいに、この地組の$S_4$よりジワケ（分地）をうけたものか、あるいはS家に養子にはいったものであろう。ちなみにWは阿弥陀堂の氏子のジガシラの一人である。

さて百村にはかなりの分量の近世史料が残されている。そのなかから土地関係の帳簿を数種類とりだし、Sマケに属する家々の土地と石高の所有状況の復元をこころみた。今日伝わる家の系譜、土地の所有状況などを勘案してたどりついた結果が表5および表6である。この二つの表を一見すれば明らかなように、ほとんど完全といってよいほどの分割相続、ことに均等分地がおこなわれていることがわかる。

まず表5からみていく。近世初頭に寛永二十年「さくらい」の名で登場する農民はその

表5　Sマケ石高集計表

| 寛永20(1643) | | 享保19(1743) | | 安永2(1773) | | 明治4(1871) | | 現在 |
|---|---|---|---|---|---|---|---|---|
| さくらい | 石斗升合<br>56.3.2.8 | 権左衛門 | 石斗升合勺<br>9.4.5.8.7 | 権左衛門 | 石斗升<br>9.7.1 | 権左衛門 | 石斗升<br>9.7.1 | $S_1$ |
| | | 五郎兵衛 | 9.3.3.7.4 | 権十郎 | 4.6.5 | 庄之介 | 5.6.7 | $S_3$ |
| | | | | 五郎右衛門 | 4.6.5 | 五郎右衛門 | 5.6.7 | $S_4$ |
| | | 安右衛門 | 9.3.3.7.4 | 治郎兵衛 | 6.1.9 | 吾右衛門 | 7.1.3 | $S_*$ |
| | | | | 藤介 | 3.0.9 | 要介 | 6.4.8 | $S_6$ |
| | | 不明 | | | | | | |

表6　安永2年明細

| 名請人 | 上畑 | 中畑 | 下畑 | 下々畑 | 屋敷 | 計 | 石高 |
|---|---|---|---|---|---|---|---|
| 権左衛門 | 反畝歩<br>4.3.02 | 反畝歩<br>2.2.06 | 反畝歩<br>6.0.04 | 反畝歩<br>4.8.03 | 畝歩<br>5.28 | 町反畝歩<br>1.7.9.13 | 石斗升<br>9.7.1 |
| 権十郎 | 2.1.16 | 1.1.03 | 3.0.02 | 2.4.02 | | 8.6.23 | 4.6.5 |
| 五郎右衛門 | 2.1.16 | 1.1.03 | 3.0.02 | 2.4.02 | | 8.6.23 | 4.6.5 |
| 治郎兵衛 | 1.8.21 | 1.4.12 | 4.0.02 | 3.2.02 | | 1.1.5.19 | 6.1.9 |
| 藤介 | 1.4.11 | 7.21 | 2.0.01 | 1.6.01 | | 5.7.25 | 3.0.9 |

注　『本畑改帳』より.

後の一〇〇年の間に二つの家に分かれ、そのいっぽうはさらに三つの家になったと考えられる。この三つの家はほとんど等しい石高をもっていた。そのうち「権左衛門」の家系はそのまま引き継がれて現在の$S_1$家につながる。「五郎兵衛」家はたぶんつぎの世代に持高を二つに分けて、これも現在につながる。「安右衛門」のほうも二つの家に分かれるのだが、こちらはおよそ二対一に持ち高を分割して、その後若干ずつを増やして明治を迎えている。

さらに興味深いのは表6である。安永二年（一七七三）の段階でこの五人の百姓が所有していた畑を等級別にみていくと、これまた表5でみた比率がそれぞれの等級のなかでも同じになっていることがわかる。つまりこれらの家々は、その代替わりにあたって、たんに持ち高の合計を兄弟で分けただけでなく、おそらくは一枚一枚の畑にいたるまで二つに分けたのであろう。まさしくかれらは言い伝えのとおり「土地を分けた仲」にほかならなかったのである。

なおこの史料について若干補足しておこう。第一に、寛永二十年検地名寄帳にあらわれた「さくらい」なる人物が、村のなかでいかなる位置にあったかは史料的にまったく不明であるが、少なくとも近世におけるいわゆる「本百姓」でないことは推測できよう。また享保十九年（一七三四）段階における三名の本百姓はその間のいかなる時期に出現してきたのか、この点も残念ながら史料的にまったく空白である。つぎに享保十九年および安永二年の史料は、本畑のみに関する集計であってかならずしも実態を正確に反映しているわけではない。ただし明治四年（一八七二）のものとくらべてみてさほど大きな修正は必要としないであろう。第三に、ここではとくに書き出すことはしなかったが、同史料中をみるとき、少なくとも安永二年段階にいたるまでは、分割相続、ことに均等分地に関する事例はほとんど枚挙にいとまがないほどであることを述べておきたい。

それでは以上を通観し、その他の資料をも含めて本章をしめくくっておこう。

**地組の歴史性**

① 巻川温泉神社・穴沢温泉神社・阿弥陀堂のそれぞれの氏子組織が、いついかなる状況のもとに発生し、展開してきたか、その初期の様相を明らかにすることは、近世前期の祭祀関係の史料がまったく残されていないことに加え、初期本百姓形成期の問題の追求が史料的に不可能であることから、現段階では断念せざるをえない。その事情は、なぜ本村においてまったく相似した祭祀組織が併存しているのかという問題についても同様である。

② 現在の氏子組織にみられるごときいわばジガシラ（地頭）連合としての形態は、近

世において氏子各戸が分地、なかんずく均等分地をくりかえしながら、その過程のなかで形成されてきたものであろう。ただし本章では具体的な事例を数多く紹介することはできなかったが、このような状況はある程度一般的であったとみてよいであろう。

③　では近世中後期における様相はいかなるものであったろうか。つぎのような史料からみて、まず第一にそれが株座的な性格をもっていたことは疑いがない。

百村之儀、巻川氏子地頭拾壱人、穴沢温泉地頭七人、阿ミた地頭拾六人と申地□(面か?)迄相別、年々九月十九日祭礼仕候而《て》、銘々地神相分り祭礼仕候……云々（寛政十二年一月、「乍恐《おそれながら》以書付《かきつけをもって》御伺申上候」）

あるいは穴沢温泉神社についてみれば、

権左衛門（ほか六人省略）、右七人ニて不依何事《なにごとによらず》ニ諸宮世話仕候

また、

穴沢温泉之義ハ往古・孫右衛門草分ニて其外六人之地頭ニて古来より祭礼遷宮執行仕奉申候（以上、寛政十一年四月、「差上申済口証文之事」）

すなわちこれらのことから、今日の巻川温泉神社、穴沢温泉神社、阿弥陀堂のそれぞれに地頭——伝承からジガシラと読むことが推測される——と称する人びとがいて祭りをと

りおこなっていたことがわかる。ただしジガシラの人数は現在とは異なっている。また寛政八年十月「分地名目出入取扱内済証文之事」によれば、これは分地名目争い、いわゆる本家争いの書類であるが、ここではゴクの配分がきわめて重要な争点となっている。

④　それにもかかわらず、各地組の内部は比較的平等な構造をもっていたのではないかと推測されうるのである。わたしはこれまでにまず地組の宗教集団としての性格をみるとき、強い一体性をもつとしたにもかかわらず、別のところでは一転して、集団としての結束がきわめて弱く、いわば「関係の累積」にすぎないともいえる様相を呈してさえいることを指摘した。この一見矛盾した構造は何を意味するのであろうか。わたしはこれを、少なくとも前者に関するかぎり、歴史的に幕末段階にいたって、より顕著になってきた性格であろうと思うのである。ただしこの見解には、現在直接それを物語る史料はみあたっていない。しかしここに興味深いいくつかの事実がみいだせる。それは穴沢温泉神社に関するものである。

その一つは、氏子全員の名前が書き出され確認されるのは慶応三年（一八六七）が初見であることである。しかもそこではじめて各地頭と他の氏子が地組ごとに明記されるのである。それ以前はただたんに氏子名が連記されているにすぎず、しかも全員ではない。

第二に、祭礼の当番のローテーションをみるとき（宝暦九年（一七五九）〜現在）、安政五年（一八五八）以前と六年以後についてみるときわだったちがいがみられる。五年以前の当番はほとんど例外なく、自分のローテーション以外は、たとえば「当番権左衛門代安右衛門」というように当番の代宿がたてられている。いうまでもなく権左衛門はジガシラであり、安右衛門はそのジマケである。ところが六年以後になると現在にいたるまで代宿は五例に達しないのである。

第三に、しかもそれに先立つ安政四年には、

向後《きようこう》八日取無相違地頭惣中名々本参無之《これなき》様

と地頭の祭礼参加を地頭間で確認しあってさえいるのである。

第四に、これは今後に問題が残るところであるが、近代以後の氏子の権利がほとんどの場合、部落共有林の共有権といいわばコミで譲り渡しされていることであり、共有権者とは一般に江戸時代からこの村に住みついていた者とほぼ一致することである。

これらの事実から、地組連合としての強固な株座的性格が幕末期以降の村落構造の変化にともなって形成されてきたものであろうと推測することは、さほど無理な論理とはいえ

ないのではなかろうか。

⑤　現在まで、北関東での村落神社の歴史的性格に関する研究はきわめてまれである。いっぽう南関東においては、たとえば仁科義典の一連の研究があるなどして、比較的豊富であるといえる。しかもそのなかで氏は、宮座の存在とともにジルイ・ジワケといった平等な家連合組織の存在を明らかにされている。両者の関連はかならずしも明らかではないが、一部には対応性のみられることも指摘されている。関東南部と北部というちがいはあるが、この類似しているかのようにみえる組織形態が具体的にどこで相似し、どこで相違しているか、今後の問題として残しておきたい。

# 祭りを作りだす人びと――祭りを読み解くということ

## 祭りへの人びとのかかわりかた

いろいろと祭りについて考えてきた。ここまで議論してみてわかった一つの事実は、人間とはたぶん祭りをしたがる生き物にちがいないということである。このことはおそらく洋の東西も、時代の新古も、さらにはイデオロギーをも越えた真実であるだろう。祭りとは何かという定義の問題を別にしても、祭りとみなされるような人間の行動は世界に普遍的といってよいだろうし、さまざまな文化を越えて、それに接すれば何か共感できてしまうようなものが人間の心性のなかには確かに存在している。単純にただの祭り好きといってしまえばそれまでだが、よく考えてみればそうとばかりはいえないのかもしれない。というのは、その祭りというものへの関わりかたも、人によって千差万別の立場があるからである。

その第一はもちろん、祭りを執行する立場にある人びとにとっての祭りである。そもそも祭りとは第一義的にそのようなものであったといえるだろう。それが地域の祭りならば、祭りを大きな節目として地域社会の生活は営まれてきたし、お寺とか教会といったような特定の組織に付随した祭りならば、祭りはその組織にとっての存在理由でさえもある。だが歴史のなかでさまざまな変容にさらされる地域社会や組織は、自分自身の伝統を祭りのなかで再生産・再構成し、あるいは再解釈してこようとしてきた。そして今日の事態はもっと切実で、新旧さまざまな祭りが村おこし・町おこしといった地域振興の先兵としての役割を期待され、その担当者たちの悩みは大きい。

いっぽう、その祭りを見にきた多くの人びとが祭りの高揚に一役も二役もかっている。それればかりでなく歴史的にみても、見物人という役割がまた祭りの発展に大きく寄与してきた。ただかつては見物人といっても、周辺の農村などから農作業を終えた農民たちがはるばるとやってきたりしていて、そんな見物人の範囲が地域というものを形成していたのだったが、いまやさらにその外から多くの見物人が祭りの日にはやってくるようになった。たとえば祇園《ぎおん》祭のような古都の祭礼を見るために、毎年莫大な数の観光客が訪れてくるということの意義を少しばかり想像してみればよい。

第三に、近年では祭りを見物する立場にあきたらず、みずから祭りに参加する人びとも無視できない存在になりつつある。というより、そのような人びと抜きにしては祭りそのものが成り立たなくなってしまっているという場合も少なくない。東京やその周辺地域の伝統的な祭りで、その御輿《みこし》をかつぐグループがたくさん出現して競いあっているのは、しばしば目にすることのできる光景だろう。

第四のカテゴリーはカメラマンである。今日どこの祭りに足をはこんでみても、どこで聞きつけたのかと思うほどの数のカメラの砲列に驚かされることがしばしばある。じつのところカメラマン―多くの場合かれらはいわゆるアマチュアである―という存在をどのように考えたらよいのか、筆者はまだ考えあぐねている。しかし今日もはや、祭りというものがかれらとの相互交渉の産物であるという側面を無視するわけにはいかないだろう。

## 祭り研究者の立場と役割

ところでここで祭りへの関わりかたとしてもう一つ五番目にあげておきたいのは、じつは祭り研究者という立場である。うっかりすると、世の中には祭りという文化的な、ときには珍奇な現象があり、その渦の外側にいる第三者としての祭り研究者が、祭りの意義だとか歴史だとかを客観的に解き明かしている、というふうに考えてしまいがちだが、ここでもことはそう簡単でない。どこか遠くから訪れてくる観光客にしろアマチュアのカメラマンにしろ、かれらはどこでどのようにしてその祭りの存在を知ったのだろうか。元来の祭りが、さきに列挙したカテゴリーの第一の人びとのみによってひっそりとおこなわれているだけなら、それと関わりのない誰かがそれを知る機会はきわめて少ない。というよりほとんど場合、そもそも興味をひくということさえなかったであろう。いうまでもなくその情報の多くは、旅行雑誌とか祭り風《ふ》土記《どき》等々の祭り記事によってもたらされたものである。ところがその情報は当然どこかの段階で取捨選択がおこなわれたにちがいない。ここに祭り研究というものの果たしてきた役割がみのがせない。

たとえばわたしが一五年ほどすごした日本海側のある町の祭りのことを思い出してみよう。山あいの小さな村のまことにささやかな祭りで、大勢の観光客が押しかけてくるようなこともなかったし、これから先もそんなことにはならないだろう。しかしそんな村にも、祭りの規模に不似合いなほどの数のカメラマンたちがやってくる。というのも、祭りの時期が近づくとかならずといってよいほど地元の新聞がその谷を民俗の宝庫とはやし立て、その祭りのことを報じるからである。なぜそんなことになったのかといえば、もう半世紀ちかくも昔のある写真家による写真集の出版と、その周辺にいた民俗研究家たちによる祭りの性格づけによるものである。写真はすぐれたものであったし、それに添えられた祭りの解説もまた、今日となってはまことに貴重な記録ではある。以来その祭りは、その土地の「民俗」を語るうえで欠かせないものになってしまった。

いまその写真集とその記録がどんなものであったか、その祭りをめぐってどのような言説がくりかえされてきたかはさして重要ではない。ともかく祭りを研究するということがその祭りの意味づけに決定的な役割を果たすこともある、ということさえ確認できればよいのである。さらにそういう役割を果たしてしまったことがよかったのかどうかという評価もまた、さしたる問題ではない。祭りがたどるであろう歴史のなかにはさまざまなものがあるはずだし、その意味ではこの谷の祭りが経験したことも、そんなたくさんのありうることの一つにすぎないといえばいえるだろうからである。さきの谷の場合、むしろそのような歴史をいわゆる村おこしの手だてとして意味づけていこうとする動きもあるが、それもまた状況のなかでの当事者たちの選択の問題である。

もちろんここまで述べてきたことについては、本書自体も別ではない。だからここまできたわたしの次の関心は、本書で示したわたしの議論がもし仮に現実の祭りにフィードバックされるようなことがあったなら、そこからどのようにして次が展開するだろうかというところにある。と、そんなことを楽しみにしながらひとまず筆をおくことにしたい。

# あとがき

こういう文章を書いていると、つい宮田登さんを思いだしてしまう。宮田さんにはじめて会ったのは東京教育大学に入学してすぐ、学生たちの民俗学サークルである。そのとき宮田さんは大学院博士課程の学生ではあったけれど、すでにそうそうたる新進の研究者だったから、一年坊主の私にしてみれば雲の上のような存在だった。ほどなく連れていかれたのが、神奈川県山北町のお練りという行事だったと思う。つまり私の民俗学初体験はまさしく宮田さんと一緒に見た祭りだったということになる。そしてこのあとがきを書いている今日平成十三年五月十九日、宮田さんのお骨は川崎市生田に新設された墓所に無事納められた。ちなみに宮田さんの墓石は、柳田国男のそれから山一つをへだてたところにある。月日のたつのは早いものという変哲もない言葉が、しみじみと身にせまってきてしまう。だからここは私の本のあとがきではあるけれども、宮田さんとの思い出に絡めながら綴らせてもらうことにしたい。

かつて祭りに関心を持つというのは、民俗学研究者としての身分証明みたいなところが多分にあったから、山北での見学からあともももちろん折にふれて祭りを見にいく機会があり、祭りについて考えをめぐらす機会があった。そうしたうちのいくつかが、例によって宮田さんの仕掛けによるものであったのはいうまでもない。そうした経験への一つの区切りとして、この本を公にする機会が与えられたのはほんとうにありがたいことである。ここに本書を宮田さんへの供養として捧げたい。

さてそんなふうに長い時間をかけてきた祭りへの関心であるから、本書に収められた文章にはそれぞれ基になるものがある。なかでもいちばん古いのは、「歴史から祭りを読む」の最後、栃木県黒磯市百村の祭りに関する考察である。これは学部の学生時代に栃木県教育委員会が実施した調査に参加する機会を与えられたことがきっかけになり、以後も独自の調査を継続したものであった。一つの課題を究明するという目的をもった調査というのはほとんど初めての経験で、当時東京教育大学の助手だった宮田さんにたびたび相談にのっていただいたのはもちろん、ときには福田アジオ氏（現、神奈川大学）や宮本袈裟雄氏（現、武蔵大学）にも直接調査を手伝っていただいたりと、さまざまな助力をもらいながらどうやら完成までこぎつけた。いうなれば私の今日の民俗学の一つの原形となった、それゆえ私にとってはたいへん思い出深く、かつ大事な研究である。ただ以後はすっかり百村から足が遠のいてしまったままなので、今日の祭祀の様子は、私自身もまったく知らない。結論についても別の解釈の可能性が考えられないわけではないのだが、ここではずいぶん昔に考えたことをそのまま踏襲した。機会があればまた再調査なり、史料の再点検なりをしてみたいものである。

ところで私の民俗学がその後歩んできた道筋は、かならずしも一筋ではなかった。そのことは本書に収められた文章をみていただければ見当がつくだろう。歴史学にかなり踏み込んでいく方向がみられるその反対側には、非歴史的とりわけ解釈学的といってよい分析が基調となるような文章も少なからずある。

なかでも「祭りの作劇術」の最後においた、昭和天皇の死去にともなう社会的喧噪のドキュメントといったおもむきの一文は、宮田さんの手法にもっとも共通するものをもっていたかもしれない。だからこの文章が世に出てしばらくあとのこと、つっこみ不足であるという意味の批判をいただいたことがある。宮田さんにしてみれば、自分ならばそこから先もう少し料理のしようもあるのに、という不満があったにちがいない。たとえば亡くなったはずの昭和天皇が、高田馬場のハンバーガーショップで、ひげをベチャベチャにしながらおいしそうにハンバーガーを食べていた、というくだりを、たんに「他愛もない」という一語でかたづけてしまった筆者の叙述がいかにもくいたりなかったのであろう。宮田さんの真意を深く考えてみようともしなかったのは、私にしてみれば天皇がそのようなレベルで女子高生たちの言説群にとりこまれる、ということの社会的意味を指摘できればよかったからにすぎない。橋でも辻でも階段でもないそんな場所を舞台に生まれた話を、では宮田さんならばどんなふうに解釈するのだろうかとは、いまでも気持ちのすみにひっかかったままの小さな疑問である。

しかしもはや一年坊主とはいえないこの年になってみると、祭りを見ていてもなにかあるもどかしさのようなものを感じるようになってしまった。たとえば私の脳裏には、今でも一つの光景がある。十年余りも前、長野県の遠山祭りを見る機会があった。年明け早々の狭い小屋のなかで、寒さと眠さと煙たさをこらえながら、舞い手も見物人も極度に興奮しながら徹夜の一晩をすごした。さすがに念願の遠山祭りを見に来たかいがあったと思った。だが夜が明けてみれば、かの土地の若者たちは瞬時にしてきわめて冷静な顔にもどり、黙々と着替えをすませて、あっというまにそれぞれの職場に散っていったのである。実際いま地域社会が祭りをおこなおうとしても、その中心になるべき若い人のほとんどは会社や役所に勤めている。祭りのためには相当な期間の休みをとらざるをえないし、かといっていつも職場から暖かい理解を得られるとは限らない。一種の白々しさだけがただよってしまうこんな時間に対して、宗教学や社会学人類学の理論に大きな影響をうけてきた日本の祭り理論のあれこれはもちろんのこと、より伝統的な柳田国男の祖先崇拝の理論などなどさえも、いったいどんな顔をしたらよいのだろうか。さらには祭りについてものを書くということがどんなリアリティをもちうるのか、祭りについて何かを書いている自分自身はいまどこにいるのか、といった根源的な問いにはどう答えを出したらよいのだろうか。だがそうした問題について、いま本書ではほとんどふれていない。ともかくも今は、ここまでやっとたどりついたというそんなアイデアのいくつかについて、批評をいただけるならば幸いである。

二〇〇一年五月

真野俊和

著者紹介

一九四四年、東京都に生まれる

一九七四年、東京教育大学大学院文学研究科日本史専攻修士課程修了

現在、筑波大学教授

主要編著書

日本遊行宗教論　聖なる旅　講座日本の巡礼〈編〉　桑取谷民俗誌〈編著〉

歴史文化ライブラリー

125

日本の祭りを読み解く

二〇〇一年(平成十三)九月一日　第一刷発行

著　者　真《しん》野《の》俊《とし》和《かず》

発行者　林　英　男

発行所　株式会社 吉川弘文館

東京都文京区本郷七丁目二番八号

郵便番号一一三―〇〇三三

電話〇三―三八一三―九一五一〈代表〉

振替口座〇〇一〇〇―五―二四四

印刷＝平文社　製本＝ナショナル製本

装幀＝山崎　登

歴史文化ライブラリー

1996.10

## 刊行のことば

現今の日本および国際社会は、さまざまな面で大変動の時代を迎えておりますが、近づきつつある二十一世紀は人類史の到達点として、物質的な繁栄のみならず文化や自然・社会環境を謳歌できる平和な社会でなければなりません。しかしながら高度成長・技術革新にともなう急激な変貌は「自己本位な刹那主義」の風潮を生みだし、先人が築いてきた歴史や文化に学ぶ余裕もなく、いまだ明るい人類の将来が展望できていないようにも見えます。このような状況を踏まえ、よりよい二十一世紀社会を築くために、人類誕生から現在に至る「人類の遺産・教訓」としてのあらゆる分野の歴史と文化を「歴史文化ライブラリー」として刊行することといたしました。

小社は、安政四年(一八五七)の創業以来、一貫して歴史学を中心とした専門出版社として書籍を刊行しつづけてまいりました。その経験を生かし、学問成果にもとづいた本叢書を刊行し社会的要請に応えて行きたいと考えております。

現代は、マスメディアが発達した高度情報化社会といわれますが、私どもはあくまでも活字を主体とした出版こそ、ものの本質を考える基礎と信じ、本叢書をとおして社会に訴えてまいりたいと思います。これから生まれでる一冊一冊が、それぞれの読者を知的冒険の旅へと誘い、希望に満ちた人類の未来を構築する糧となれば幸いです。

吉川弘文館

〈オンデマンド版〉
# 日本の祭りを読み解く

歴史文化ライブラリー
125

2018年（平成30）10月1日　発行

著　者　真《しん》野《の》俊《とし》和《かず》
発行者　吉川道郎
発行所　株式会社　吉川弘文館
〒113-0033　東京都文京区本郷7丁目2番8号
TEL　03-3813-9151〈代表〉
URL　http://www.yoshikawa-k.co.jp/

印刷・製本　大日本印刷株式会社
装　幀　清水良洋・宮崎萌美

真野俊和（1944～）

ISBN978-4-642-75525-2